世界高端文化珍藏图鉴大系

玉　器

（修订典藏版）

田文轩 / 编著

辽宁美术出版社

图书在版编目（CIP）数据

玉器：修订典藏版 / 田文轩编著. — 沈阳：辽宁美术出版社，2020.11

（世界高端文化珍藏图鉴大系）

ISBN 978-7-5314-8594-0

Ⅰ．①玉… Ⅱ．①田… Ⅲ．①古玉器－中国－图集

Ⅳ．①K876.82

中国版本图书馆CIP数据核字（2019）第271347号

出 版 者：辽宁美术出版社
地　　　址：沈阳市和平区民族北街29号　邮编：110001
发 行 者：辽宁美术出版社
印 刷 者：北京市松源印刷有限公司
开　　　本：787mm×1092mm　1/16
印　　　张：18
字　　　数：250千字
出版时间：2020年11月第1版
印刷时间：2020年11月第1次印刷
责任编辑：彭伟哲
封面设计：胡　艺
版式设计：文贤阁
责任校对：郝　刚
书　　　号：ISBN 978-7-5314-8594-0
定　　　价：128.00元

邮购部电话：024-83833008

E-mail:lnmscbs@163.com

http://www.lnmscbs.cn

图书如有印装质量问题请与出版部联系调换

出版部电话：024-23835227

前 言
PREFACE

中国是美玉之国，玉器是中华民族文明史上的一颗璀璨的明珠，其灿烂的光芒贯穿中华文明发展史的全过程。经过长期的演变，玉文化已深深地融合在中国传统文化与礼俗之中。从古至今，爱玉者众，玉作为文化和艺术的载体，具有无穷无尽的魅力，吸引着人们去琢磨、收藏、鉴赏……

鉴赏玉首先要认识玉，而对于玉的含义，自古就比较宽泛。汉代许慎说："玉，石之美者。"因此一般说，自然生成的、加工后能成为细腻匀润、色彩鲜丽、质地坚韧、化学性能稳定的美石，都可归于玉类。

"黄金有价玉无价"，这是因为玉器作品的艺术性是难以估价的。不同的玉料，产地不同，质地不同，价格不同，雕琢手法也不相同。这些玉器造型多样、纹样繁多、工艺精湛，不仅具有丰富的文化内涵和艺术价值，还有着较高的收藏和鉴赏价值。

本书对玉器的悠久历史、审美价值、深厚文化意蕴作了深入浅出的诠释，并以历史年代为线索，系统介绍了中国玉文化的发展历程，揭示了上自史前、下迄明清，历时近万年的玉器演变的时代风格与区

域特征。并从专业人士的角度，详细介绍了玉器的鉴赏与保养要点。希望通过阅读本书，能够使广大读者对中国玉器有全面了解，并对自己的玉器收藏和鉴赏起到一定的借鉴作用。

　　本书是一本图文并茂的工具书，除了在文字上尽量做到言简意赅、通俗易懂之外，还配有大量的精美图片，便于读者对照阅读。由于时间仓促，加之编者水平有限，书中难免有疏漏之处，敬请广大读者以及专家批评指正。

CONTENTS

目 录

中国玉文化

长久以来，人们对于"玉"的定义就一直没有统一过。专家学者之间有不同看法，世人之间也有不少论争，直到今天，依然没有一个可以被大家共同认可的定论。但有一种观点还是被大多数人认可的，这种观点认为"玉"的含义有狭义和广义之分。

广义上的"玉"，指一切美丽的石头。这种说法来源于中国东汉时期的文字学家许慎，他在其著作《说文解字》中，给"玉"的定义就是："玉，石之美者。"虽然从矿物学的层面理解，这样的界定并不科学，但是因为这种观念产生的时间较早，流传得比较广泛，因而在很长时间内，得到了世人的认同。但是随着时代的不断发展，这种过于宽泛的界定显得越来越没有意义了。

墨翠 观音

南红玛瑙　笑佛挂件

糯化种　"百才"吊坠

　　狭义上的"玉"，是从矿物学的意义上界定的，即含有青、白、墨、紫、黄五种颜色中的任何一种，硬度在 4.5~6.5 的范围内，折光率在 1.61 以上的石头，这种特殊的石头就是玉。从这个概念出发，我们可以看到，玉其实有很多的种类，根据它们在矿物质含量、折光率和硬度的不同，玉又可以细分为硬玉和软玉两个类别。例如翡翠是硬玉，而和田玉是软玉。这种分类虽然仍有一定的争议，但是它得到了大多数人的支持，是玉器市场上的主流观点。

　　中华民族对于玉一直有着无与伦比的热爱之情，这种喜爱随着时代的不断发展，最终形成了一种文化，这就是中国玉文化，是中华文明的重要组成部分。

中国玉器的历史知识 >>>

中国古代最主要的玉制礼器

　　在我国的玉器史上，玉璧、玉璜、玉琮、玉琥、玉圭是历史最为悠久，也是最常见的玉制礼器，《周礼》称它们为"礼天地四方"的礼器，足见它们的地位之高。

一、中国玉文化的历史

1. 中国玉文化的源头

　　我国不仅是世界上最早用玉的国家，还是使用玉器时间最长的国家。经过专家的考证，在我国，玉器出现的时间，不仅早于瓷器，甚至早于陶器，因此，我国又被世人誉为"玉石之国"。

　　关于中国的用玉历史，依据过去的传统说法，是在距今 8000 年前开始的，之后逐渐兴盛，最终形成了人类历史上的玉器时代，那已经是在距今 6000 年到 4000 年前的时候了。之后，铜器出现，玉器在与铜器被共同使用了 1000 年后，终于衰落下去。按照这样的计算，玉器在中国历史上总共兴盛的时间超过了 3000 年。当然这里所说的玉器的衰落，指的是玉器作为使用工具逐渐被青铜器取代，而不是说玉器消失了。

南红玛瑙　渔翁得利吊坠

糯化种　观音吊坠

玛瑙 水滴形缠丝吊坠

和田玉 金蟾印章挂坠

　　但是近些年来，考古学上新的发现以及相关专家的研究考证，证实中国开始用玉的时间要更早，因为在我国辽宁南部出土的原始居民用过的蛇纹石打制砍砸器的制作年代距今已经超过了 1.2 万年。

　　现在学术界普遍认为，玉器是随着石器的产生而出现的，因为古人对于玉的认识是从石头开始的。人们在用石头制作生产工具的时候，发现用玉制作的工具更加实用，不仅坚固耐用，而且非常漂亮，于是玉器的使用日渐盛行。等到玉器工具兴盛起来之后，人们关注的就不仅仅是它们的实用价值了，还注意到了它的审美价值，于是玉器又成为人们生活中的装饰品。但总的来说，在玉器开始使用的时期，玉器的使用价值是最主要的，因而那个时期出土最为常见的玉器就是各种各样的玉制工具，这也是中国玉文化的源头。

　　远古时期，巫术在人们的生活中占有重要地位，作为生活上的主要使用工具——玉器，因而带上了某种祭祀和装饰性质。从现今出土的玉器来看，当时的玉器制作工艺已经非常高超。这也可以从中国的历史古籍中发现一些蛛丝马迹，比如在《说文解字》《广韵》《集韵》和《玉篇》中，记载了大量以"玉"作为偏旁的形声字，可见在当时的社会生活中玉器与人们日常生活关系的密切程度。从现今考古学上的发现看，史前社会早期的古玉，多是一些玉制工具，诸如玉斧、玉针之类。等到史前社会后期，出现了玉礼器，再次之后的新石器时代，就出现了玉饰和玉佩。这方面的代表就是河姆渡遗址中出土的玉佩，以及红山文化遗址出土的大量玉琮和玉璧。这些发现，清晰地展现了中国玉器从工具到礼器、又从礼器到装饰玉的发展轨迹。等到新石器中后期，玉器盛行一时，开启了人类历史上的玉器时代。在今天的黄河流域、辽河流域和长江流域出土的这一时期的玉器充分证明了这一点。在此之后，玉器逐渐衰落，成为纯粹意义上的装饰品，而琢玉也就从制石行业中脱离出来，发展成为一个独立行业。

　　需要注意的是，这一时期所谓的玉器，并不等同于现代人理解的玉器。如前文所述，那个时候的人们认为，凡是美丽的石头都是玉，因而用美丽的石头制作而成的工具就是玉器。

玛瑙　生肖挂件

墨翠　招财貔貅

2. 中国玉文化的时代演变

中国的玉藏资源丰富，是世界上主要的产玉国之一。根据相关文献的记载，中国在古代就已经有200多处产玉地区，如此广泛的分布以及如此巨大的蕴藏量，是中国玉文化源远流长的基础。在数千年的玉石开采过程中，有些玉矿已经枯竭，这个种类的玉石也就消失在历史的长河中。但是也有一些玉矿至今还在不断地开采，从而为中国的玉器市场源源不断地输送着原料。在中国玉石开采的历史上，新疆和田玉的开采具有划时代的意义。其实新疆的和田地区早就开始出产和田玉了，但是限于交通的不变，并没有引起世人的重视。随着时代的不断发展，和田玉最终来到了中原地区，走进了世人的视线，并因质地优良而广受世人喜爱，从而打破了玉坛原有的平静，在经过一段时间的检验之后，成了"玉中之玉"。等到距今3000多年的西周时期，新疆的和田玉已经成为周朝贵族生活中不可或缺的一部分，并且在用玉的规格方面也有了严格的规定。也就是从这个时候起，中国的玉文化开始定型，以后的发展都是在这个基础上继续丰富和深化而已。

冰种　观音牌

和田玉籽料　喜上眉梢灵芝纹如意摆件

当然，中国并不仅仅有和田玉，还有陕西的蓝田玉、甘肃的酒泉玉、河南的独山玉和密县玉，以及辽宁的岫岩玉等，它们都是中国历史上制作玉器的常见玉料。

　　自从西周时期周朝贵族对于玉的使用做了明确的规定之后，到了春秋战国时期，儒家学派又将和田玉比作"德"，以此作为阐发自己思想的基石，这种做法奠定了和田玉在玉坛的主流地位。在此之后，历代文人都沿袭了这种玉文化，并作了进一步的丰富和延展，从而使玉器的文化内涵大大增强。到了宋代，玉器的使用已经相当普及，成了普通百姓日常生活中不可缺少的物件。这一时期人们也注意到了玉器的巨大价值，从而开始了玉器的收藏活动。后来，玉器的制作越发精致，文人士大夫也开始注意到玉器的装饰美，于是人们对于玉器的把玩风靡一时，并在清代达到高潮。但是在宋代的玉器收藏活动中，人们看重的已经不再是玉器的文化底蕴，而是沁色。这种思想上的转变，最终导致了玉器由神器向玩物的转变，这也是后来玉器的把玩之风兴盛的原因之一。

冰种　冰飘花

碧玉　喜上眉梢对瓶

和田玉　仿古四灵佩

3. 中国玉器的雕琢文化

和田玉碧玉　长寿招财龟

在中国的玉文化中，玉器的雕琢文化占有重要地位，高超的雕琢工艺是玉器艺术性的主要来源。中国有句古话：玉不琢，不成器，说的就是这个意思。早在西周时代，周天子就依据周礼，对玉制礼器的规格和尺寸做了严格的规定。《周礼·考工记·玉人》中有这样的记载："玉人之事，镇圭，尺有二寸，天子守之。命圭，九寸，谓之桓圭，公伯守之。"

早在原始社会，我国的原始先民就开始生产玉器，以后，随着时代的发展，玉器的制作逐渐发展成为一种行业，在中国早期的历史上，治玉行业多集中于皇城周围，天子脚下。但是到了宋代之后，苏州成了全国性的治玉中心，并逐渐稳固下来。

相比于玉器的雕琢，治玉其实并不需要多么高超的技巧和多么精细严格的工具。在还没有使用铁器之前，人们主要使用石器和青铜器来进行生产活动。但是这些工具无一例外全是用木竹器、砂岩和骨器等制作而成的。玉器当然也不例外。即使到了近代，中国的治玉行业，依然是依靠这些工具，只是随着时代的发展，这些工具的材质发生了变化，而工作原理都是一样的。玉器的花纹和造型都是通过这样的工具和方式制造出来的。所以古人制作玉器，不叫"雕玉"，而叫"治玉"。在先秦时代，治玉被称为"琢玉"，宋代则称为"碾玉"或者"碾琢"。所以，中国玉器市场上出现过的所有玉器，不论是巧夺天工的上品，还是做工粗糙的下品，都是运用高硬度的石英、金刚砂以及石榴石等"碾"出来的。即使是为历代皇室制作玉器的工厂、作坊，也只能采用这样的工作原理，所不同的地方，就是他们会使用一些做工更加精细的工具，并在玉器的制作过程中运用一些比较特殊的方法。现在的玉器制作大体上要经历选料、画样、做坯、光压、刻款等几道工序。

中国玉器的雕琢文化源远流长，内涵丰富。因为不同时代的生产水平、工艺条件以及审美情趣不同，各个时代生产的玉器在造型风格、制作工艺以及材质方面也会多有不同。

中国玉文化源远流长，早在原始社会时期，我国的原始先民就已经学会用玉石制作出斧、刀、铲等玉制工具以及各种不同的玉制装饰品。比如我国的考古学家在 1973 年于浙江河姆渡文化遗址中就发现了用玉料和萤石混制而成的装饰品，共有 28 件之多，要知道河姆渡文化

冰种 湖水绿佛公

碧玉 香山五老图笔筒

距今已经有 7000 多年了。

到了夏商时期，玉器的制作工艺进一步发展，不仅雕工进一步精进，而且在玉雕图饰方面还创造出一些新形象，比如龟、鱼、鸟、兽等。这一时期比较常见的纹饰包括云雷纹、夔龙纹、方格纹等。随着时代的发展，玉器制作工艺也在逐步发展。比如考古学家于 1976 年从河南安阳殷墟妇好墓中出土的玉人，圆眼、大鼻、尖额、长脸，身着云纹高领窄袖衫，色泽晶莹，造型严谨，栩栩如生。

到了西周时期，玉器不仅在雕刻工艺方面趋于完善，而且线条风格也日趋多样化。比如西周时期的人物肖像、鸟兽像眼睛的形状，就是在商代"臣"字眼的风格基础上，延长其两端的线条，从而形成了另一种风格的"臣"字眼。这种线条的变化规律在西周玉器的工艺风格中具有一定的普遍性。

和田玉　出入平安摆件

到了春秋战国时期，玉器的种类日益多样化，工艺技巧也不断地推陈出新，出现了浮雕、透雕等新技法。比如这一时期的玉璧雕刻，已经能够熟练运用阳线与阴线交错雕刻的技法了。除此之外，这一时期的玉器纹饰更加多样化，卧蚕纹、连云纹、谷纹等都是在这一时期出现的。

到了秦汉时期，玉器的种类更加丰富，产生了心形佩、玉人、龙形佩、动物形佩等新玉器种类。比如我国的考古学家于1966年在陕西咸阳汉代遗址中发现的玉天马，色泽晶莹，造型独特，玉马双目有神，四肢矫健，张舌露齿，呈奔跑状，骑马者左手抚按马首，右手持灵草，整体形象气势恢宏，风格庄重典雅，是秦汉时期的经典之作。

到了唐代，玉器随着时代的发展再次兴盛起来。在玉器种类方面，不仅出现了玉佛像，还出现了玉带、玉梳等新种类。至于题材也更加丰富，人物、鸟兽、虫鱼、花卉等，全都出现在玉器的雕刻图案之中。比如近些年来出土的这一时期的大量玉人，不仅风格多样，而且造型独特，形象生动。

到了宋元时期，不仅出现了玉杯、玉盘等实用玉器，还出现了大量用于装饰美化的玉雕作品。至于玉器的纹饰也是各不相同的，实用玉器以龙凤呈祥为主，而大量的装饰性玉雕则以鸳鸯、花卉、羊马、虫鱼等形象为主。

　　到了明清时期，玉器制作达到鼎盛，明代独创的三层透雕法，是前代从未有过的。这一时期的玉器种类也日渐多样化，仅是玉制文具就出现了玉笔架、玉笔管、玉洗、玉砚、玉镇纸等新玉器种类。至于玉器的纹饰就更加丰富了，常见的玉器纹饰有梅、松、竹、人物、麒麟、鸟兽等，并且还常在图饰之外，添加诸如"寿""福""禄"等字样。等到清代中期，玉器的制作工艺已经相当完备，从玉料的选择、加工，到玉器的抛光、雕刻等，工序完整严谨，制作出来的玉器更是精致细腻，形象生动。

　　作为中国的国粹之一，玉器在中国拥有几千年的发展历史，这是其他任何一个民族都无法企及的。我国制作的玉器，从原始社会时期的雅拙古朴发展到秦汉时期的豪放雄浑，最后发展到明清时期的精致细腻，清晰地展现出一条"物一神一人一物"的发展脉络。这是由于不同时代、不同的社会习俗导致的。也正是这些不同时代的不同玉器，构成了中国玉文化丰富多彩的样貌。

和田玉籽料　喜事连连挂件

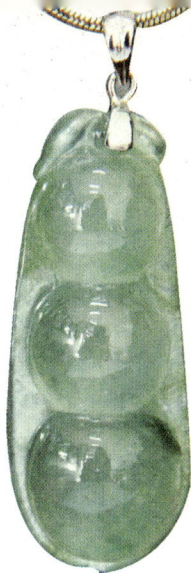

冰种　四季豆

二、中国玉文化的内涵

1. 玉是石之美者，美的精灵

古人云，石之美者即谓玉。那么，什么是美呢？心有所
仪即是美。

玉石，晶莹剔透，自然天成，是石中的美丽者。但是人
们之所以如此喜欢玉石，还有另一个原因，那就是玉器绝非
名画等"可远观不可亵玩焉"的东西，恰好相反，玉器越是
与人亲近，越是光彩圆润。这也是玉的灵性所在。

我国东汉时期著名的文字学家许慎在他的著作《说文解
字》中说："玉有五德：润泽以温，仁之方也；鳃理自外，
可以知中，义之方也；其声舒扬，专以远闻，智之方也；不
挠而折，勇之方也；锐廉而不忮，洁之方也。"除此之外，
在中国古代，还有"玉带五彩，千金难买"的说法，玉石于
温润之中体现出来的刚劲风格，正是中国的仁人君子学习的
典范，因此，玉石在外在美之外，还具有丰富的艺术美。这
也是玉器之所以受人推崇的主要原因。

冰种　福在眼前

和田玉籽料 屹立牌

玉石的美学价值很早就被人们发现了。早在旧石器时代晚期，人们在利用玉制作生产生活工具的同时，就发现了玉的美丽。考古学家从距今已有 2.8 万年历史的西峙峪遗址中发掘的一件水晶制作的小刀就是最好的证明。而在距今 1.8 万年的北京山顶洞人遗址中出土的大量玉制品，除了用于生产生活的玉制工具之外，还有小玉坠、小玉珠等玉制装饰品。到了新石器时代，人类的审美能力更加精进，史前艺术开始萌发。在众多种类的史前艺术品中，大量的玉器是最主要的代表。到夏商时期，玉器的制作工艺进一步发展，这一时期的玉器将西部地区的优良玉料和东部地区完善的琢玉技术完美地结合在了一起。我国安阳殷墟妇好墓中出土的玉器数量多达 755 件，由此可见当时用玉之风的盛行。这一时期，因为巫术文化的盛行，玉器逐渐从使用工具转变成礼器，从而带上了巫术祭祀的性质，这也产生了玉器可以避邪的说法。到了春秋战国时期，在诸子百家的文化争鸣之下，玉又被赋予了丰富的文化内涵。这一美丽的自然天成之物，不仅是大自然的精华，更具有君子之风，是仁人志士追求的道德典范。这一时期，人们出于对于玉文化的推崇，从而大量地制作玉器，这又导致了玉器制作工艺上的进一步发展。另外还要说明的是，这一时期，因为玉的文化内涵，人们也提高了玉的界定标准。相比于"石之美者"的宽泛定义，人们又对定义中的"美"进行了界定——光泽晶莹，色彩绚丽，坚韧细腻，温润光滑。到了隋唐时期，玉文化再次兴盛起来，并且在题材、风格和纹饰等方面深受绘画、雕刻和金银器制作工艺的影响。这一时期出现的大量人物、动物、花卉雕像，形象生动，颇具浪漫主义风格。到了明清时期，玉器已经不仅仅是艺术品，还是财富的象征。也就是在这一时期，玉器从神坛走了下来，脱去了神圣高贵的外衣，从神器变成了物器。这一时期，因为和田玉器日渐普及，人们重视的不再是玉器的材质，而是玉器的工艺水准和审美风格，也就是看重玉器的造型之美和雕琢之美。

2. 玉是中华文明之源

中国是世界四大文明古国之一，而在中国文化中，玉文化占有重要地位。如前文所述，我国有"玉石之国"的美誉，这不仅仅是因为我们是用玉时间最长的国家，同时也是世界上用玉最早的国家。我国的用玉历史甚至超过了1.2万年。玉的使用孕育并见证了中华文明的源头和发端。

如前文所述，玉石的发现和使用与人类的审美能力有关，也就是说，人们在把玉器当作生产生活工具的时候，因为审美能力的提升，而注意到了玉器的装饰美，并且随着石器打磨经验的积累，形成了较为熟练的玉器雕琢工艺，这也为玉文化的产生创造了基础。较为熟练的制作工艺，使人们见识到玉器的精美之后，就更加注重玉器的装饰性，而且随着铜器的出现，玉器的实用功能逐步衰退，更由于巫术文化的盛行，精致的玉器又被赋予了神圣的巫术文化色彩。这也是玉文化的发端。

冰种 弥勒佛

冰种 福瓜

和田玉籽料 五子嬉戏图插屏

到了新石器时代中晚期，随着原始宗教的进一步发展，巫术意识的日益多样化，以及人们审美情趣的发展，玉器的制作工艺进一步发展，玉器的种类也更加多样化，这些都为玉文化的进一步发展奠定了社会基础。到了新石器时代末期，在全国范围内出现了三个产玉中心，分别是南方江浙一带的良渚玉文化中心、北方辽宁一带的红山玉文化中心和西北昆仑山一带的和田玉文化中心。这一时期，也是中华文明的起源时期。由此可见，玉文化在中华文明起源时期的重要作用。

中国玉器的历史知识 >>>

什么时候是中国历史上的第一个用玉高峰时期？

据考证，中国历史上第一个玉器高峰时期出现在新石器时代晚期，即"玉兵时代"。根据东汉袁康《越绝书》的记载："轩辕、神农、赫胥之时，以石为兵……至黄帝之时，以玉为兵。"可见当时用玉风气的盛行。

3. 玉是中华文明的物质基础之一

玉在中国历史上产生出来的精神意蕴是东方精神的生动体现，也是中华文化的物质基础之一。人类在社会与自然的交互发展中发现了玉，并在玉的自然天成之中寄托了自己的思想情感，以此形成了玉文化。这种文化现象是通过赋予玉器某些特定的功能实现的，也就是说赋予玉器的功能不同，它的文化内涵也会发生变化，因此，玉文化不仅仅是中华文明的物质基础之一，也是中华文明发展历程的见证。作为中华文明的物质基础之一，玉石是中华民族的原始先民们从众多种类的石头中挑选出来的，从玉的发现，到玉的使用，经历了漫长的发展过程。

和田玉籽料　永结同心摆件

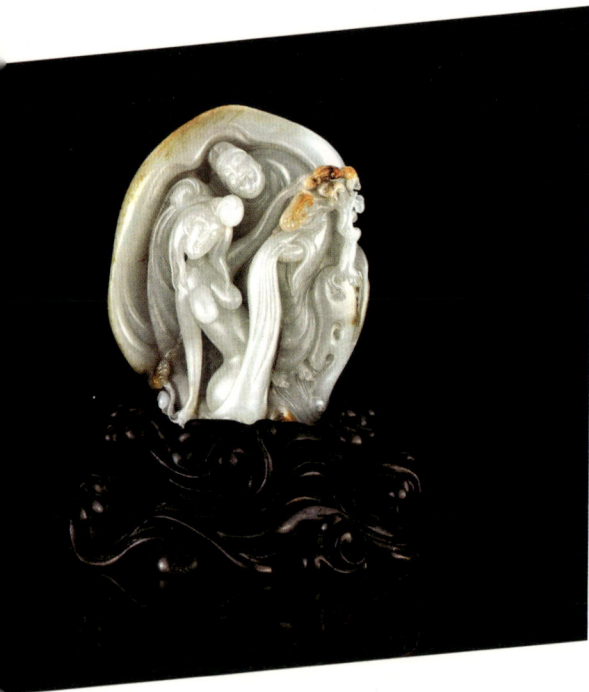

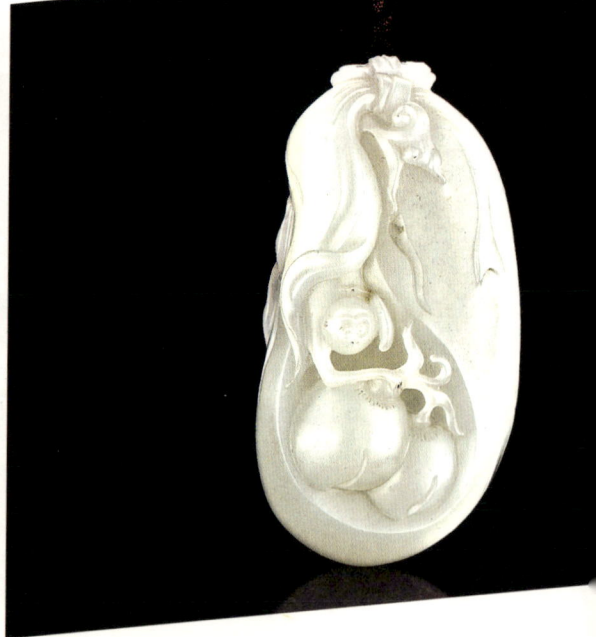

和田玉籽料　灵猴献寿挂件

中国玉文化是中华文明的重要组成部分。玉器的绚丽多姿是中华民族审美情趣和艺术追求发展的见证。无论是用于装饰的玉佩、玉坠，还是用于巫术祭祀的玉礼器，它们都是中国玉文化的一部分。

像其他许多文明发源于图腾崇拜一样，中华文明在某种意义上可以说是从玉崇拜开始的。但是玉崇拜又不同于其他的图腾崇拜，它是中国社会发展过程中相关美学、宗教学、哲学以及社会伦理道德观念的综合体现，涉及不同领域的不同层面，是中华民族重要的文化底蕴和精神理念，也是中国传统文化中儒家思想的重要表现形式。

冰种 水滴坠

冰种黄翡翠 蝶

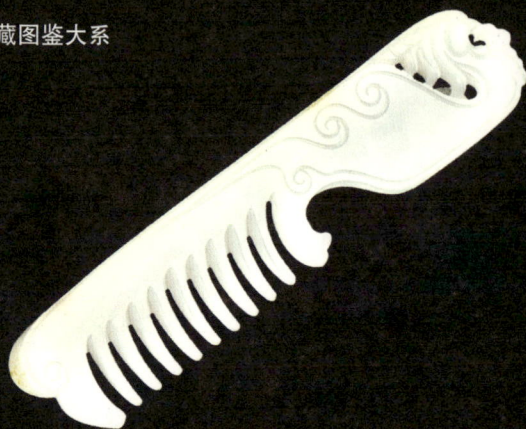

4. 玉是中华民族的精神气质

玉外表温润光滑,实质坚韧内敛,这不仅是中国古代仁人君子的道德标准,也是中国文化的精华所在,代表着中华民族的精神气质。

和田玉籽料 雅赏4件套

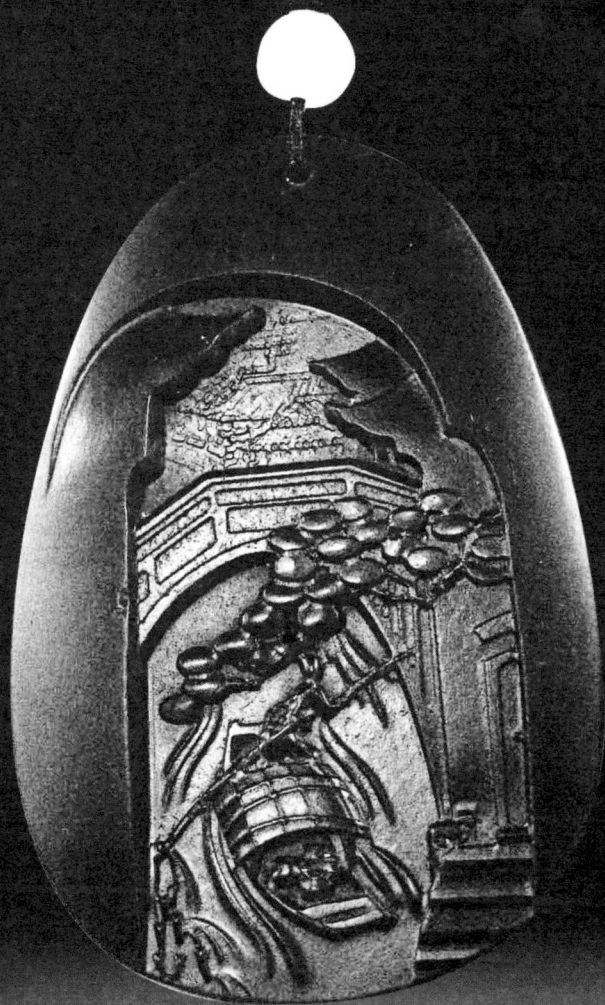

和田青玉　小桥流水挂件

　　中国文化讲求含蓄委婉，阴阳结合，这与玉所表现出来的精神是非常相似的，这也是人们常常将玉比作德的原因。如果说玉外表的光彩夺目是玉的外在美，那玉所具有的文化内涵，则是玉的内在美。这也是中国玉文化的核心部分。中国的玉文化之中，不仅包含了中华民族"宁为玉碎，不为瓦全"的民族气节，也包含了中华民族"化干戈为玉帛"的友善精神；不仅包含了中华民族"瑕不掩瑜"的廉洁风尚，也包含了"润泽以温"的无私奉献精神。

　　玉不仅是物质的，也是精神的。在中国人的心中，玉早已不再是石头，而是一种民族精神的象征。物质、精神、社会三位一体的玉文化，是中华文明的精神内核，也是中华民族的精神气质。

5. 玉是人神沟通的宗教象征

玉文化在最初的发展阶段带有浓厚的巫术祭祀性质。在原始先民的眼中，玉是自然天成的物质精华，因此，他们把它做成礼器，用于巫术祭祀活动中，将它作为人神沟通的中介，从而使玉器带上了原始宗教的象征意味。

在人类社会发展的早期，社会生产力低下，人们的力量还不足以对抗洪水猛兽等自然灾害，处于对自然力量的恐惧中，他们幻想出一种超自然的力量，也就是所谓的神明，并定期对这些神明进行祭祀活动，这就产生了原始宗教和巫术活动。在原始先民看来，可以通过玉石这样的方式，达到人神之间的交流和沟通。当然，沟通的过程要在一定的氛围内进行，这就产生了巫术祭祀活动。在巫术祭祀活动中，人们通过佩戴各种各样的用诸如骨头、羽毛、植物等自然之物做成的装饰物，以此来获得所谓的"力"，并用这种"力"来与神沟通。这种佩戴物最初是戴在人身上的，后来随着时间的推移，人们开始制作雕像，以此来代替随身佩戴的装饰物，因为这样可以更加方便地进行祭祀活动。而在雕像的实践中，人们渐渐认识到玉石的美丽。这也使得玉器从日用工具发展成为祭器。

玻璃种 观音手

022

和田玉原籽料　黄沁锦上添花把件

和田玉籽料　大龙牌

　　原始宗教的不断发展，最终形成了较为完整的巫文化。在整个巫术活动中，掌管整个祭祀活动的巫占有绝对的主导地位，是祭祀活动中玉器的主要使用者，并且对于玉雕的制作也起到主导作用。因为巫术在当时的社会生活中非常盛行，这就增大了玉的需求。巨大的需求进一步促进了玉器制作行业，甚至玉文化的进一步发展。在祭祀活动中，巫是人神沟通的中介，而他所持有的玉器就是献给神明的礼物，从另一个角度来说，巫其实才是玉器的所有者。但是这并不妨碍玉器的神圣和神秘，因为在人们心目中，它依然是神明才配拥有的东西。

和田玉黄沁籽料　亭亭玉立挂坠（正）

和田玉黄沁籽料　亭亭玉立挂坠（反）

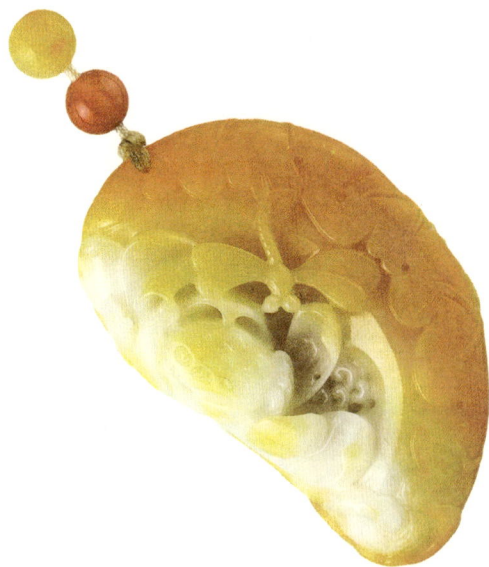

　　考古学家从辽宁阜新胡头沟一带发掘的红山文化遗址中就出土了玉制的猪和龙的雕像。从这座玉器上，可以看到原始先民们已经可以熟练地运用割、切、凿、挖等玉器制作工艺了。同样从红山文化遗址中出土的大量璧、琮、钺等玉器，上面刻满了巫头戴面具、骑着野兽、侍奉神明的图案，这些玉器不是一般的装饰品，而是巫在祭祀活动中用到的礼器。

　　随着时代的发展，到了新石器时代末期，原始宗教逐渐衰落，巫术活动也不再盛行，玉器也因此逐渐褪去了巫术祭祀的神秘色彩，但是作为礼器功能的残存，人们依旧认为，佩戴玉器可以避邪，这个风俗甚至流传至今。因为玉器性质的变化，大型的玉制雕像被小件的玉饰物所取代。当然，这已经是玉器种类上的发展和变化了。

　　不论是用于人神沟通的祭祀神器，还是用于避邪的装饰物，在人们的心目当中，玉的收藏始终存在一种神圣感和神秘色彩，这是由于玉的宗教文化意蕴造成的。

6. 玉是中国礼仪的载体

　　中国是世界著名的礼仪之邦，而玉器则是中国礼仪的文化载体之一。在中国的《周礼》之中，对上自周天子，下至普通平民的用玉规则都做了明确的规定，以此来诠释不同等级的权力和地位。根据《周礼·春官·大宗伯》中的记载："以玉作六瑞，以等邦国"，"以玉作六器，以礼天地四方"，玉器的使用在当时的社会生活中是礼仪文化的一部分，而玉器更是礼乐教化的工具。文中的"六瑞"，实际上是玉制礼器的合称，因为在原始宗教中，礼器是献给神明的器物，具有祥瑞的征兆，所以有此称法。当然，随着原始宗教的逐渐衰落，玉器作为祥瑞之物不再专用于祭祀活动中，还用于朝聘。因为共有玉琮、玉圭、玉琥、玉璜、玉璧、玉璋6个种类，所以称为"六瑞"。"六瑞"的形制、规格各不相同，所处的地位也有很明显的差异，但是它们的使用是有严格规定的，《周礼·春官》中说："周制王执镇圭，公执桓圭，侯执信圭，伯执躬圭，子执谷璧，男执蒲璧。"从这里我们可以看出，"六瑞"的使用是为了区分贵族的不同等级和地位，这已经是中国礼仪文化的范畴了。

和田玉原籽原皮　荷塘鱼趣挂坠

和田玉枣红皮原籽　龙把件

和田玉原籽　龙龟把件

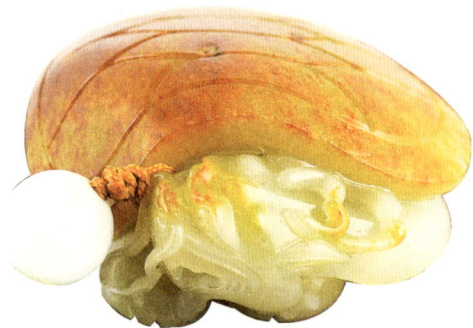

和田玉　福猪牌

　　"六瑞"分别代表了天、地和东西南北4个方位。这种象征意义从《周礼·春官·大宗伯》的记载中可以看到，文中说："以玉作六器，以礼天地四方，以苍璧礼天，以黄琮礼地，以青圭礼东方，以赤璋礼南方，以白琥礼西方，以玄璜礼北方。"从这里，我们可以看到，不仅玉器的种类可以显示人物的地位和级别，就连玉器的颜色也具有这样的作用，由此可见中国当时礼仪的严谨和烦琐。但是不论怎么说，有一点可以肯定的是，玉器在当时的社会生活中是用来区分等级和地位的工具。从这个意义上说，它的使用制度已经是中国礼仪文化的组成部分了。并且"六瑞"的使用也表明中国玉文化成熟期的到来。这一时期，用于生产生活的玉器，同用于区分人物等级的玉器在形制和工艺风格上具有显著的区别。后来随着青铜器的日渐普及，玉制工具的使用越来越少，最终消失，于是，玉器才成为单纯意义上的装饰品。

7. 玉是君子之风、道德典范

因为玉自身的一些自然特性，人们常常将它们比作美好道德的典范，也就是所谓的"君子比德于玉"。玉所具有的道德文化意蕴是中国玉文化的核心内容。

春秋战国时期，在诸子百家的文化争鸣中，玉因为先天具有的自然属性以及神秘色彩，而被赋予了丰富的文化内涵。尤其是儒家学派，为了宣扬自己的思想主张，而将仁义礼智信等思想内容同玉的天然属性相比附，从而使玉成为了宣扬儒家思想的载体。比如孔子就"比德于玉"，并在此基础之上，提出了五德、九德、诗意德的说法。随着儒家思想被世人所接受，玉也因为丰富的文化内蕴而备受人们的喜爱。在《礼记·聘义》中有这样的记载：孔子的弟子问孔子，为什么君子崇尚玉，而不崇尚珉（一种与玉相似的石头）。孔子这样回答他："非为珉之多，故贱之也；玉之寡，故贵之也。夫昔者君子比德于玉焉。温润而泽，仁也；缜密以栗，智也；廉而不刿，义也；垂之如坠，礼也；叩之其声清越以长，其终诎然，乐也；瑕不掩瑜，瑜不掩瑕，忠也；孚尹旁达，信也；

和田玉 财神把件

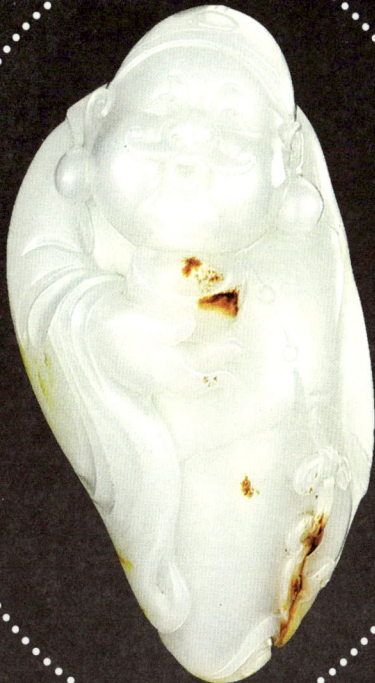

和田玉　水牛牌

气如长虹，天也；精神见于山川，地也；圭璋特达，德也；天下莫不贵者，道也。诗云：'言念君子，温其如玉'，故君子贵之也。"意思是说，君子崇尚玉而不崇尚珉，不是因为珉多玉少，而是因为历代君王都将玉看作美好道德的象征，人们正是出于对美好道德的追求而崇尚玉的。为此，他还详细列举了玉象征的"十一德"：玉质温润光滑，象征仁；坚韧细腻，象征智；含蓄内敛，象征义；玉的使用不同，象征礼；叩击它，声音清脆，象征乐；上有斑点而不失美感，象征忠；光彩夺目，象征信；气势恢宏，象征天；意蕴厚重，象征地；执圭璋礼仪，象征德。它就是美好德行的象征，所以君子崇尚玉。

这种思想后来广泛传播，逐渐被世人接受，玉所象征的文化内涵也逐渐被固定下来，从此，玉器又由单纯意义上的装饰品发展成为集使用功能、审美功能和修身养性于一体的艺术品。

中国玉器的历史知识 >>>

君子比德于玉的由来

玉本身是石头，但石头却不一定是玉，相同的，君子是人，但人却不都是君子。这其中的区别，在儒家学者看来，就是德。具有德的石头才是玉，同样的具有德的人才能成为君子，就像《礼记·玉藻第十三》中所说："古之君子必佩玉。……君子无故，玉不去身。君子于玉比德焉……"这就是君子比德于玉的由来。

8. 玉是高贵珍罕的无价之宝

　　自古以来，玉就是高贵的代名词。如果有谁能够得到一块玉，那简直就是上天对他的垂青。中国自古就有"黄金有价玉无价"的说法。也因为这个原因，在中国早期历史上，玉因为价格的昂贵而成为皇室贵族的专属品。之后，玉又被儒家学派赋予了丰富的文化内涵，它的价值更是超越了其他的各种宝石，而成为地位和权势的象征。到了西周时期，对于贵族间的用玉规则已经有了明确的规定。《礼记·玉藻第十三》中就有相关记载："古之君子必佩玉，右徵角，左宫羽。……故君子在车，则闻鸾和之声，行则鸣佩玉。……居则设佩，朝则结佩……凡带必佩玉，……佩玉有冲牙。君子无故，玉不去身，君子于玉比德焉。"除此之外，在反映春秋战国时期生活的《诗经》中，也有多首诗歌，反映出了人们的用玉制度。从中，我们不仅可以看出玉器在当时的社会生活中的普及程度，也从另一个角度看到了人们对于玉器的喜爱。

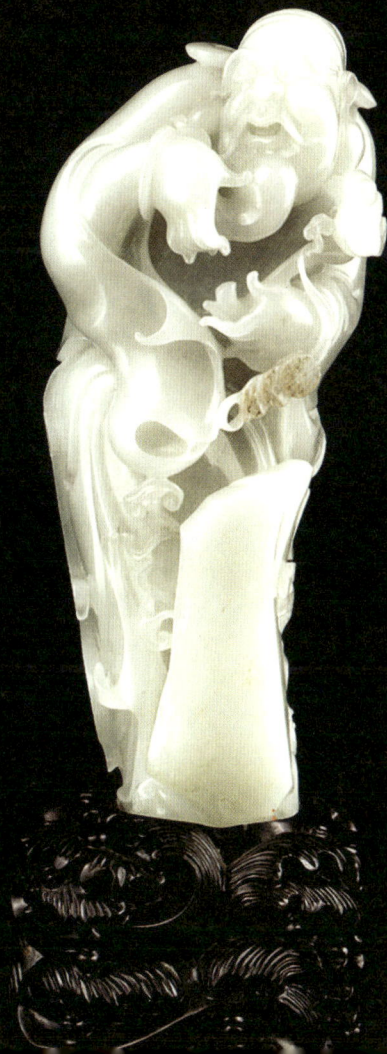

和田玉 财神摆件

029

9. 玉是沟通媒介和文明使者

和田玉的使用具有悠久的历史，早在新石器时代，人们就已经在使用和田玉了。之后随着时代的不断发展，和田玉逐渐成为中国东西部地区文化交流和沟通的媒介，并因此开创了举世闻名的"玉石之路"。可以说玉在东西方的文化交流中，是最重要的媒介和载体。

在今天的甘肃、河南等地发现的新石器时代和夏商时代的玉器，都表明了和田玉的向东运输。根据乌兹别克斯坦的史料记载，公元前 283 年，苏厉在给赵惠文王的信中写到，昆仑山西北部已经被当时的秦国占据，如果让他们继续西进，占领了雁门关一带，那么玉石之路将被切断，赵王将再也看不到他送过来的和田玉了。这里所说的"玉石之路"，也就是后来所谓的"丝绸之路"。是东西方进行贸易往来的唯一通路。由此可见，在当时的东西方贸易中，玉起到的重要作用。

和田玉　旺财挂坠

和田玉　鸳鸯挂坠

玛瑙 龙凤牌

三、玉与其他文化

　　前面说到了玉文化的丰富内涵，这里要说的是与玉有关的其他文化。这可以看作是玉文化在其他文化领域中的折射，充分反映了中国文化中，各个支流文化间的密切关系。

1. 玉与美学追求

　　玉石在硬度、色彩以及价值上的无与伦比，正好与原始先民对超自然力，也就是鬼神的无上崇敬是相契合的，所以玉器才能走上神坛，变得神圣起来。随着原始宗教的衰落，玉的这种神圣性虽然消失了，但依然没有远离人们的视野，依然是受人喜爱的东西。而这其中最主要的原因，还是因为玉的美丽。如前文所述，玉的自然特性，也就是玉含蓄蕴藉的美，正好暗合了中华民族的精神气质，也就是说玉的美与中华民族的美学追求是相似的。也正是这个原因，玉才能在中国人的生活中存在如此长久的时间，并最终孕育出中国特有的玉文化。

和田玉　鹅如意把件

和田玉　避邪挂坠（正）

和田玉　避邪挂坠（反）

2. 玉与历史传说

对世界历史稍有了解的人都知道，在各民族社会文明的最初阶段，大多经历了图腾崇拜阶段，中华民族当然也不例外。根据相关专家的考证，在中国历史上确实存在着一个玉图腾的阶段。在这个阶段，玉器广泛存在于人们的社会生活之中，并且我们的民族也是以玉雕作品作为民族的象征。这在相关的历史文献中可以找到依据，比如《拾遗记·卷一·少昊》记载少昊的母亲皇娥在还是一个小女孩的时候，曾经独自乘坐一只木筏出游海上，为的是寻找一种叫孤桑的树。这种树据说生长于西海的穷桑，有千尺之高，只要吃了此树的果实，就可以长生不死。她在寻找这棵树的过程中，遇到了白帝之子，于是他们两个就乘着木筏共同在海上漂流，他们将桂树的枝干做成旗杆，并用茅草织成旗子，还把玉石雕刻成鸠鸟像，并把它固定在旗杆的顶端。后来皇娥生下了少昊，号"穷桑氏"，或"凤鸟氏"，以后少昊的族群不断繁衍，最终形成了鸣鸠氏、祝鸠氏、元鸠氏各族，这些种族无一例外的都是用各种形象的玉雕作为本族的象征。这就是我们今天所说的玉图腾时代。在这一时期，玉器的使用相当普遍，小到人们日常生活中的各种玉制工具，大到原始宗教巫术活动中的祭祀玉器，玉器无处不在，这一时期也是我国玉文化的发端时期。

和田玉　关公把件

和田玉　吉祥如意牌

和田玉　一路连科挂坠

3. 玉与神话英雄

　　我国古代关于英雄的神话故事很多，这些神话中的英雄或者智慧超群，或者强壮神武，是中国原始社会精神文化的象征。这其中有许多神话中的英雄都与玉有关。比如说在我国的史料中曾经记载了炎帝有这样一颗玉石，"号曰夜明，以之投水，浮而不下"，这在当时看来，肯定是十分神奇的东西。这其实就是一种典型的磷光效应，但是我们的原始先民却将这种神奇的自然现象同炎帝的圣德结合在一起，以此来表达自己对于这位神话英雄的崇拜。又比如，中华民族的祖先黄帝曾经在一统九州之后，建立了典章制度，在《拾遗记·轩辕黄帝》中有这样的记载："诏使百辟群臣受德教者，先列圭玉于兰蒲，席上燃沈榆之香，春杂宝为屑，以沈榆之胶和之为泥以涂地，分别尊卑华戎之位也。"文中所描述的其实就是典章制度的一部分，也就是圭玉制度。而圣主唐尧更是得到了一块天赐的玉版，这块玉版呈"田地之形"，这是上天对于他卓越功绩的嘉奖。而大禹之所以能够治水成功，按照史料中神话传说的说法，也是因为得到了龟蛇二神赐给他的玉简。所有这些神话传说中，都将玉与英雄们的传奇事迹联系到一起，可以看出在原始先民的心目中玉器的神圣。

4. 玉与社会习俗

以玉殓葬

中国历来重视丧葬。在中国历史上的某一时期，厚葬制度兴盛一时，而在厚葬制度之中，以玉殓葬是最流行的。郑玄在注《周礼》时曾说："圭在左，璋在首，琥在右，璜在足，璧在背，琮在腹，盖取象方明神之也。"也就是说以玉殓葬就是将各种不同的玉器分别摆放在坟墓中的不同位置，以此来起到保存尸骨的作用。除此之外，中国历来还有用玉来防腐的习俗，就是用玉将尸体的各个窍孔都填满，以达到给尸体防腐的目的。

和田碧玉 年年有余

玻璃种　葫芦挂件

以玉通神

前面说过，在原始社会时期，玉作为原始宗教巫术祭祀活动中的神器，是人神沟通的媒介。后来虽然原始宗教衰落了，但是玉的这一神秘作用却在人们的心目中残存下来，所以直到清代，依然有许多人认为，人类可以通过玉来与神明沟通。清人段玉裁在解释《说文解字》时，曾说：“巫能以玉事神。”在这里，巫、玉、神是相互统一的，他们都是一种意志的体现。

以玉为信

玉还是国家信誉的象征。《说文解字》中，对于“瑞”的解释“以玉为信”，就是很好的说明。从秦汉一直到明清，国家的象征都是玉玺，为什么玺要用玉制作，而不是金银呢，就是这个道理。玉是“信用”的象征，它代表了一种坚贞的信念。

和田玉原籽　荷香风善牌

和田玉　生肖马挂坠

5. 玉与文学艺术

　　《诗经·秦风·渭阳》中"何以赠之，琼瑰玉佩"的诗句，屈原在《楚辞·九歌·东皇太一》中"瑶席兮玉瑱，盍将把兮琼芳"的感慨，以及《左传·襄公十五年》中不足百字的文章中，都有玉的身影。

和田玉原籽　龙凤挂坠

　　唐代诗人王翰在《凉州词》中提到的"夜光杯"，据相关专家考证，是一种用和田白玉雕琢而成的酒杯。这种酒杯在月光的照射下，会发出晶莹剔透的光芒，可以起到增加酒兴的作用。在"弄玉吹箫"的爱情典故中，玉也有出现。但是在文学艺术中，涉及玉最多的当属元明时期的戏剧，比如《玉梳记》《玉簪记》《紫钗记》等。在这些文学作品中，玉始终是剧中人物表情达意的重要媒介，充分说明了中国玉文化与文学艺术的关系。中国有5000多年的悠久历史，在其发展过程中，人们从用玉到崇玉，又从崇玉到赏玉，一直到品玉、藏玉，玉作为地位、权势、财富象征的观念，不仅深入人们的日常生活，也在人们的心目中留下了深深的烙印，并通过文学艺术表现出来。

中国玉器的历史知识 >>>

历史典故：宁为玉碎，不为瓦全

　　语出《北齐书·元景安传》，原文为"岂得弃本宗，逐他姓，大丈夫宁可玉碎，不能瓦全"。说的是北齐开国皇帝高洋在推翻东魏，登上帝位之后，开始大肆地镇压元姓贵族，强迫他们改姓高。这个时候，东魏贵族元景安的堂兄向自己的堂弟表示了自己的愤慨和不满，说大丈夫宁可玉碎，不能瓦全。元景安却将此事报告了高洋，并表示自己愿意改姓，于是他的堂兄被杀，而他却得到了器重。

玉石与玉器

第二章

玉石是一种美丽的矿石，而未经加工过的天然玉石是玉料，经过雕琢的玉石统称为玉器。《说文解字》称"石之美者谒之玉"，凡美石制品均在玉器的范围。

原石

一、玉石的分类

在矿物学上，对于山料、籽料和水冲料都做了严格的界定。山料多产于山上的原生矿中，多呈块状，有棱角、无外皮，矿物的颜色、成分和结构都直接暴露在外面。而籽料是山料经过漫长的水蚀和风化形成的，它的外部有皮壳包裹，故其内部的颜色、成分和结构不显露于外，属于次生矿。而水冲料介于两者之间，它虽也经过水蚀和风化，但是并没有籽料经历的时间长，呈块状、有棱角；有皮壳，内部颜色、成分和结构不显露于外。从这三种料种的界定中，我们可以明显地看出，籽料经过长时间的水蚀和风化，所以，它在硬度、稳定性和完整性方面是最好的。而具有收藏价值的玉石就产生于籽料之中。所以可以说，玉石中最好的就是籽料。

山流水原料

沁料

如前文所述，现在对于玉的概念的界定还没有一个定论，因为玉的概念的模糊造成了玉在分类方法上的不同。目前来看，玉的分类方法主要有6种：以硬度分类，可以分为软玉和硬玉两种；以产地分类，一般用产地的名字加上玉字的形式给玉命名，比如新疆的和田玉、陕西的蓝田玉、辽宁的岫玉等；以颜色分类，有白玉、青玉、青白玉、紫玉、黄玉、墨玉、五花玉等；以质地分类，也就是按照玉石的品质分，可以分为上、中、下品三类；以存世的时间分类，以1911年为界，之前出产的玉叫作古玉，之后出产的玉叫作新玉；以传世的形式分类，分为出土古和传世古两类，其中，出土古就是从泥土或坟墓中挖出来的古玉，而传世古则是指没有埋入过地下，通过把玩的方式，世代流传下来的古玉。

对玉的种类进行划分，不是为了强调不同玉种之间的高低贵贱，而是为了进一步的玉器鉴赏。玉器的鉴别和评估，在以后的章节中还会专门提到，这里先简要地介绍一下。在玉器价值的诸多影响因素中，玉器的材质，也就是玉料的影响是最直接的。因为玉器的价值就是在玉料价值的基础上加上雕刻工艺等实现的，所以玉器的价值很大程度上是由玉料决定的。在我国古代的玉器生产中，玉料的使用是非常复杂的，因为交通运输上的不便，人们更多的是就地取材，也就是当地出产哪种玉料，就使用哪种玉料制作玉器。比如，龙山文化玉器多以温润光滑、质地细腻的长石作为玉料，而良渚文化玉器多以太湖地区所产的透闪石为玉料。而红山文化玉器则多以辽宁所产的岫玉作为玉料等。这些玉料不仅产地不同，在颜色、硬度、比重等方面更是千差万别，这也造成了我国远古时期玉器的千姿百态。但是自从夏商时期以来，新疆出产的和田玉便逐渐走入人们的视线，并成为了中国玉器制造行业中的主要玉料。如前文所述，新疆的和田玉中因为特性的不同而有不同的种类，从而更好地适应了不同玉器的制作需求，这也在一定程度上推动了和田玉在中国玉器制造行业中的普及。但是与此同时，玉器行业就地取材的传统依然存在着，这也使其他玉种制作的玉器流传下来，从而形成了和田玉为主流、各地优良玉料并行的局面。

辽宁岫玉

二、常见玉石品种

　　以下以产地作为分类的标准，对于目前中国玉器市场上的主要玉石种类作简单介绍。

多种多样的和田玉

黄玉籽料

1. 和田玉

和田玉的种类

和田玉是软玉中最著名的种类，而它的经济价值又因为玉石的质地和颜色而多有不同。

白玉，这种玉 95％ 以上的成分都是透闪石，因而质地细腻纯净，颜色晶莹洁白。从秦汉时期一直到明清时期，各个朝代在玉器的制作过程中都非常重视选料这道工序，因而品质优良的白玉一直是人们争相追逐的宠儿。

而品质在白玉之上的还有羊脂白玉，这种和田玉的透闪石含量高达 99％，质地细腻纯洁，颜色晶莹剔透，就好像光泽含蓄的凝脂一样，因此它的价值比白玉还高。在秦汉、隋唐和明清国力强盛的时候，都对羊脂白玉极为推崇。

羊脂玉

和田玉墨玉籽料

碧玉

和田玉的著名玉种还有青白玉，这种玉的质地和白玉不相上下，但与白玉不同的是，它的颜色白里泛青，故而在价值上略逊于白玉。

青玉的色彩比青白玉稍重，历史上甚至将淡青色、灰白色和青绿色的玉石，都叫作青玉。这种玉具有异常丰富的储量，是历代玉器制作行业中的主要玉料。

黄玉种类繁多，因为颜色上的差异又有栗色黄、蜜蜡黄、黄花黄、秋葵黄、鸡蛋黄等多个品种。各个种类之中，以栗色黄和蜜蜡黄最为珍贵。在中国古代，黄玉的"黄"因为与"皇"读音相同，又因为数量稀少，价值曾经一度超过了羊脂白玉。

糖玉介于白玉和素玉之间，是一种双色的玉石，这种玉经常用来制作一些俏色玉器，比如用糖玉皮壳给鼻烟壶做外包装，行话称为"金银裹"，是一种非常常见的玉器加工工艺。

墨玉的种类丰富，其中最为著名的当属纯墨色，这种玉通体黑色，并且黑得浓重均匀，数量罕见，价值在其他墨玉之上。

碧玉种类繁多，以墨绿色纯正均匀为佳，如果颜色不均匀、有其他颜色斑点的话，价值稍差。

中国玉器的历史知识 >>>

我国俏色艺术的发源时间可以上溯到什么时代？

我国的俏色艺术历史悠久，根据考古学上的发现，目前存世的最早的俏色玉器出现在殷商时期。

碧玉籽料

岫玉　老印章

和田玉的辨别

（1）和田玉与岫玉

辽宁的岫玉因为质地光滑细腻，水头充足，光色多呈油脂般的花卉状，形似和田玉，又因为岫玉开采量大，价格较低，所以常常有人把它拿来做旧，以此来冒充和田玉。但是实际上，岫玉在硬度、质地和比重方面和和田玉有很大区别。辨别和田玉和岫玉最简单的方法就是用普通的小刀在玉石上刻几下看看，因为岫玉比较软，易吃刀，所以很容易在上面留下痕迹，而和田玉硬度较大，所以一般的小刀是不能在上面留下痕迹的。当然除此之外还有很多方法来辨别这两种玉。比如，相同体积的岫玉在手感上会比和田玉轻很多，敲击时，岫玉的声音也比和田玉沉闷。当然，这些方法不止适用于区分和田玉和岫玉。

雪花岫玉

（2）和田玉与青海玉、俄罗斯玉

青海玉和俄罗斯玉同样出产于天山山脉，因而颜色和成分都与和田玉相似，所以现在在玉器市场上常常有人用这两种玉冒充和田玉。这两种玉在硬度方面和和田玉相同，所以在这方面不那么容易鉴别。但是这两种玉所含的石英质成分偏高一些，所以它们在长时间的日晒雨淋之后，会有变色和裂开的现象。另外，如果你足够细致，还会发现这两种玉在颜色和敲击时的声音上也会有一些区别，这两种玉的白色非常僵硬，没有和田玉白得那么自然，另外敲击的时候，这两种玉的声音都非常沉闷，不似和田玉那样清脆。

（3）和田玉与玻璃

在近年来的玉器市场上，还兴起了一种新的作伪方法，那就是用玻璃制品来冒充和田玉，这种玻璃制品和和田玉的区别很大，很好辨认。比如，玻璃制品的颜色大多非常完美，给人以浑然天成之感，完全没有和田玉颜色的晶莹剔透、自然天成。除此之外，一些劣质的玻璃制品，在其内部可能还会有一些气泡，这完全是生产过程中不注意造成的。除此之外，它们在硬

和田玉籽料　挂件

和田玉山料　把件

度和敲击时的声音方面也有很大不同。玻璃的硬度要低于和田玉，所以用小刀在玻璃制品上划，很容易留下痕迹，但是和田玉却不这样。在声音方面，玻璃制品敲击时的声音非常沉闷，也和和田玉的清脆声音有很大区别。

和田玉的收藏

在投资购买玉器的时候，首先要看的就是玉器的材质。一般而言，同一时代、同种风格的玉器，因为材质上的不同，在价格方面会有6～9倍的差距。而作为玉中极品的和田玉，更因为优良的品质而价格昂贵，这也是人们常常用其他玉种来冒充和田玉的原因。至于和田玉中的上品，也就是羊脂白玉，因为出产于冰雪覆盖的冰河中，颜色非常洁白，具有很高的油脂度。但因为矿藏稀少，所以要想购买到这种玉石是非常困难的。当然在鉴别和田玉的时候，也不能只看材质，还应该重视玉器的制作工艺。我国古代有"玉不琢，不成器"的说法，说的就是这个道理。即使是再好的和田玉，如果没有上等的做工，那么这件玉器也是失败的，不会具有太高的价值。而做工精致的玉器，不仅会抬高和田玉的价值，还会增加玉器的附加价值，也就是使得玉器作品具有了艺术价值。除此之外，人们在投资选购玉器的时候，还常常带有这样的误区，那就是认为凡是古玉就必定价值高，新玉无论怎样制作精良，价值都比不上古玉。事实并不是这样的，在古玉之中，只有那些用料好、制作工艺优良、具有时代特征的玉器才具有较高的价值，但是这样的玉器数量非常有限，往往不易买到。比如清代初期的和田玉器，因为技术方面的限制，当时人们很少能够采到羊脂白玉，所以大多数的和田玉器都是用青白玉制作而成的，并且这些玉器在制作工艺方面，因为制作经费不足的缘故，常常带有某种瑕疵，像这样的玉器的价值并不是很高。至于新玉，不仅在选料和制作工艺上胜过古玉，还因为现代雕刻大师们可以总结前人的雕刻经验，使作品带有更加丰富的艺术性。这样的新玉的价值非常高，同样是值得购买和收藏的。

和田玉流水料 琮

　　人们推崇羊脂白玉，不仅仅是因为它的产量稀少，还因为它的优良品质。它不仅颜色洁白晶莹，而且具有非常高的油脂性，也就是所谓的温润光滑。许多人对于玉的认识上还存在着这样一个误区，那就是玉以白色为佳，事实上，并不是这样的。看玉不仅要看玉的颜色，还要看玉的油脂性，也就是玉的润度，古人有"润者质也"的说法，就是说，对于玉来说，颜色只是它的外表，润度才是它的灵魂。一个人只有外表没有灵魂是不行的，同样，一块玉只有颜色，没有润度也不是一块好玉。通常来说，一块品质优良的和田玉应该具备以下三个方面的条件：首先是色，白色是白玉的标准色，当然脂白、荔枝白和奶白对于白玉而言，是上等的颜色，而粉青色、绿豆青和瓜皮青则是青白玉的标准色。总而言之，一块好的和田玉不能同时出现两种不同的颜色。其次是质，一块好的和田玉应该光滑温润，视之如同脂肪，抚之如同肌肤。最后是净，一块好的和田玉应该洁白无瑕，浑然一体，没有任何的斑点和瑕疵。

和田玉籽料　原石

和田玉籽料　原石

翡翠　原石皮壳

2. 翡翠

翡翠的种类

　　翡翠是玉石中种类最为珍贵，也是价值最高的一种，它有"玉中之王"的美誉，属于硬玉中宝石级的玉种。在讨论翡翠的时候，不得不说到种、水、色这三个专门的概念。其中"种"有多种不同的解释，但是最普遍的说法认为，"种"指的是翡翠的透明度，"水"指的是翡翠的通透度，"色"指的是翡翠的颜色。这三个概念结合起来，会有一些非常专业的说法，比如"有色无种"，就是说翡翠的颜色非常漂亮，但是透明度不好，那么这样的翡翠的价值不会太高。而关于翡翠的色，除了绿和红之外，还有白、紫、黄、灰等颜色。其中最为稀有的当属"福禄寿"，是一种同时具有绿色、紫色和红色三种颜色的翡翠，因为在封建时代，这三种颜色分别代表了福、禄和寿，所以用这种翡翠制作的玉器被认为是吉祥的象征。如果这三种颜色能够均匀地分布在翡翠表面，那这种翡翠就是极品中的极品，是可遇而不可求的。除此之外，还有一些专门用语，比如说"水头"，指的是翡翠的透明度。水头长，就是说翡翠的透明度好；水头短，说的就是翡翠的透明度差。底子，指的是翡翠除去绿色部分之后的基础部分，而底色就是指这个基础本身的颜色。关于翡翠的底子，有玻璃底、瓷底、冰底、藕粉底、豆青底、油底等几个类别，其中玻璃底就是透明如玻璃的底子，瓷底就是如白色的瓷器般的底子，品质差些。冰底就是样子像清澈的冰一样的底子，透明度不及玻璃底，但是品质还算上乘。藕粉底就是像藕粉一样的底子，这种底子多呈粉红色的半透明状。豆青底就是一种略带黄绿色的底子，这种底子的翡翠，一般品质较差，并且透明度欠佳。油底就是略带灰蓝色的底子，这种底子的翡翠多呈透明或者半透明状，品质不错，但颜色欠佳。

　　关于翡翠的颜色，还有一些补充的概念。首先是"浓"，也就是翡翠颜色的饱和度，一般情况下，浓也可以叫作老，反之则叫作淡或者嫩。如果人们说一块翡翠的色浓，就是说这块翡翠的颜色太深，反之则说明翡翠的颜色太浅。对于不同饱和度的翡翠来说，其实并没有品质和价值上的优劣之分，而是完全依据人们的喜好而有所不同。其次是阳，所谓"阳"，就是指翡翠颜色的明亮程度。说一块翡翠的颜色过于鲜阳，就是说这块翡翠的颜色过于鲜亮，也就是说这块玉的价值不菲。还有"匀"，指的是翡翠颜色的均匀程度。因为翡翠是众多微小的晶体促成的，所以大多数翡翠的颜色都不是非常匀，但凡是颜色匀的翡翠价值都非常高。以上这些术语都是评判翡翠的颜色时经常遇到的。

翡翠

翡翠 原石

在品鉴翡翠的时候，还常常说到正色和偏色的概念，这也是人们从颜色方面划分翡翠时依据的标准。通常情况下，红色和绿色被认为是翡翠的正色，凡是价值高的翡翠都是正色的翡翠。好的翡翠不仅要具有正色，而且还要颜色纯正、浓烈，即行话所谓的正、浓、阳、匀。当然，这两种正色下面还有着进一步相似的分类，比如说绿色，就可以分为艳绿、王绿、苹果绿、翠绿、秧苗绿、俏绿 6 个类别，这 6 种不同的绿都属于翡翠的正色。翡翠的红色也可以分为亮红、橙红和蜜蜡红 3 个种类，同样，这 3 种不同的红色也都是翡翠的正色。除了红色和绿色之外，其他的翡翠颜色都算是翡翠的偏色，在众多的偏色之中，如果翡翠的颜色偏向于蓝、黄、黑等颜色，那么这种颜色的翡翠的价值就不会很高，因为在玉器市场上，这几种颜色的翡翠数量非常之多。而偏向于紫色的翡翠，尤其是紫罗兰色的翡翠，价值会相对高些，其价值仅次于绿色和红色。

翡翠的辨别

　　翡翠是玉中极品，表面温润光滑，多呈透明或半透明状，硬度很高，在 7 左右。如此高的硬度在各种不同的玉种之中是十分罕见的，这种硬度的玉即使用小刀在上面用力刻画，也不会留下痕迹。这种硬度也是一般的仿制品无法做到的，所以用小刀在玉石表面刻画是一个很好的鉴别翡翠的方法。除此之外，还可以把翡翠对着阳光仔细观看，你会在翡翠之中发现一些翠色的闪光，这就是所谓的翠花。这也是其他的仿制品没办法做到的。当然你也可以敲击翡翠，通过听声音的方法辨别翡翠的真假，通常情况下，真的翡翠会发出清脆的声音，而假的翡翠的声音则比较沉闷。另外，还可以从颜色的角度对翡翠的真假进行辨别，真的翡翠颜色纯正，自然天成，而假的则显得浑浊不清，色泽很差。

翡翠籽料

翡翠的品赏

翡翠是缅甸出产的一种硬玉，所以又名缅甸玉。当然除了缅甸，世界上其他地区也有出产硬玉的，但是就品质和色泽来说，缅甸出产的硬玉是最好的。要评判一块翡翠的好坏，要从种、色、质三方面综合考虑。先要看色，颜色对于翡翠的价值的影响是至关重要的；其次是看种，也就是翡翠的透明度，种的好坏对于翡翠来说同样重要，如果一块翡翠的色泽很是纯正，但是种不好，也就是上文说到的"有色无种"，它的价值也不会太高。最后要看的就是翡翠的质，也就是翡翠的品质，这是最重要的一步，不可忽略。通常情况下，要想弄清楚翡翠的质量，最好的办法就是将翡翠对着阳光，仔细查看翡翠的内部，看它局部具有翠花以及翠花的耀眼程度。通过这三步的鉴别，就可以看出一块翡翠品质，乃至价值的高低了。通常情况下，好的翡翠都具有以下特点：颜色以红色或者绿色为主，颜色比较匀，水头长，结构细腻，无瑕疵等。

目前玉器市场上常见的翡翠种类有以下 4 类：第一类是质地优良、色泽自然的天然翡翠。目前在玉器市场上，这类翡翠的数量并不多，至于具有纯正匀称的翠绿色，底子鲜亮的更是少之又少，这类翡翠中比较常见的是秧苗绿或者紫罗兰色的，这样的翡翠色泽比较匀称，质地也比较细腻，质量上乘，价值不菲。第二类是原有瑕疵，但经过人工处理的翡翠。这类翡翠因为本身具有瑕疵，价值不高，一些不法商为了牟取暴利，通过一些化学药剂对翡翠本身的瑕疵进行处理之后，再进行销售。比如对于一些透明度较差的翡翠，人们常常用强酸来洗去翡翠表面的包浆，从而使得翡翠看上去非常晶莹剔透。但是这样的翡翠在进行人工处理的时候，难免会发生一些意外，比如翡翠表面产生裂痕、比重下降等，对于这类翡翠，在购买的时候，可以将翡翠对着阳光仔细查看，很容易看到翡翠上因人工处理产生的裂痕。另外这种经过处理的翡翠在被敲击时，也不会再发出清脆的声音了。这类翡翠的价值并不高。第三类翡翠是完全靠人工手法注色的翡翠，这种翡翠原本的色泽并不理想，或者是不具有多高价值的偏色，或者是色彩不匀称等，所以有人就采用人工注色的方式，使翡翠的色彩变得浓郁匀称，从而提高翡翠的价格，但是和上一种翡翠一样，这样的翡翠在进行人工处理的时候，难免会发生一些变化，比如色彩僵硬、不自然，表面不再温润细腻等，鉴别方法同上。最后一类翡翠是名副其实的冒牌翡翠，这种翡翠主要是用泰国或者马来西亚的翠玉、青海密玉或者澳大利亚的绿玉来冒充翡翠。但这些玉在硬度和密度方面与真正的翡翠有很大差异，所以鉴别这种玉最好的方法就是用小刀在玉石的表面进行刻画，如果能够在玉石的表面留下痕迹，那么这种翡翠肯定是假的。另外还有用绿色的玻璃来冒充翡翠的，也可以用上面的方法进行鉴别。

翡翠作假的方法

在颜色方面作假，主要是注色及染色，即将低质翡翠加热，然后将有机染料涂抹在翡翠表面，给翡翠染色，或者将低质翡翠放到铬盐液中加热，使铬盐液渗入翡翠的肌理，从而达到注色的目的。

在原料方面作假，主要是将低质翡翠打孔，并在孔中注入绿色化学物质，或者在低质翡翠表面贴上一层绿色的玻璃薄片，以此来冒充绿色翡翠。

翡翠的养护方法

像其他玉石一样，在翡翠的把玩过程中，应该尽量避免其与其他硬物发生碰撞，以免翡翠破裂或者产生暗痕。另外，翡翠体质敏感，不要让其长时间地接触油污和酸碱等化学药剂，以免翡翠受到污染。要注意翡翠所处的环境，不仅不能过于干燥，以免翡翠"脱水"，也要注意不要温度过高，这样会使翡翠"老化"。

3. 绿松石

绿松石的种类

绿松石又名土耳其玉或突厥玉。世界范围内，以伊朗出产的绿松石最为有名；我国绿松石的主要出产地则是湖北省西北部的郧县和竹山县。绿松石颜色丰富，常见的颜色有海蓝色、天蓝色、深绿色和黄褐色。我国绿松石的开采也具有很悠久的历史，除了湖北之外，陕西、新疆、安徽、河南也是绿松石的主要产地。绿松石是一种并不透明的玉石，具有蜡状光泽，表面光滑细腻，温润柔美，硬度在 4.5 ~ 6 之间，颜色以蓝色为主，但被风化之后，则多呈白色。绿松石是我国最古老的玉石之一，从现今出土的绿松石来看，它在我国的使用时间甚至可以追溯到新石器时代晚期。这种古老的玉种是铜和铝的磷酸盐矿物，不仅品质优良，而且种类丰富，除了中国之外，美国也出产另一个种类的绿松石，当然从全球范围看，出产品质最好的绿松石的国家是俄罗斯。不同地区、不同国家出产的绿松石在质地和颜色方面多有不同，我国湖北出土的绿松石品质上乘，超过其他地区出产的绿松石，从世界范围来看，伊朗和美国出产的绿松石的品质最好，也是产量最多的。

绿松石

绿松石的品赏

绿松石是玉石中的稀有品种，要评价绿松石的优劣，应该从形状、致密程度和颜色等方面综合考虑。绿松石多呈豆状、块状或者瘤状，重量大多在100克～40000克。超过40000克的已经非常稀少了。就对绿松石的评价而言，不论玉石的形状，尺寸越大越好，颜色纯正、无杂质更佳，蓝色的要好于绿色的，而在蓝色之中，天蓝色要好于海蓝色。价值最低的就属灰色和黄色了。就绿松石的致密程度而言，质地较硬、剖面有光泽的，价值更大些。总而言之，尺寸越大，硬度越大，颜色越蓝越纯正，剖面越有光泽，价值就越高。

绿松石　圆条手镯

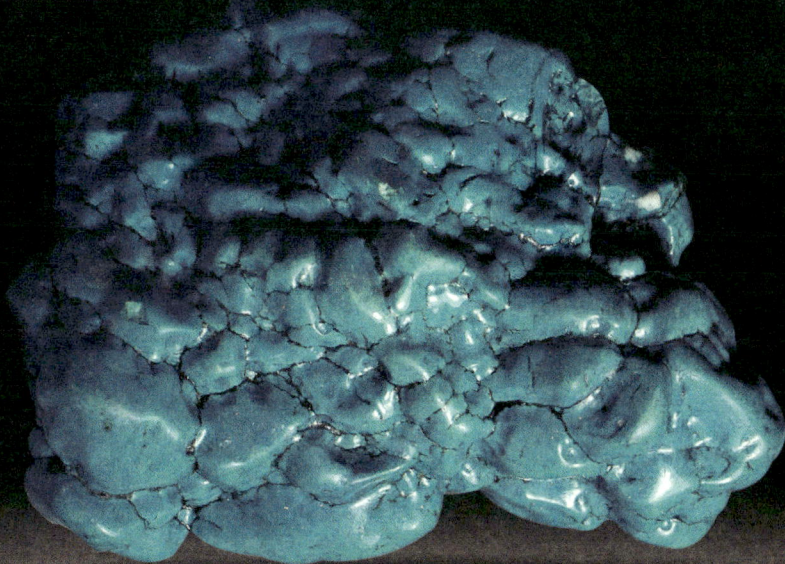

绿松石　摆件

独山玉 马车

4. 独山玉

独山玉又称"南阳玉"或"南玉"，主要产于河南南阳境内的独山。独山玉色泽鲜艳，质地细腻，硬度较高，上等独山玉可同翡翠媲美。独山玉是一种"蚀变斜长岩"类型的玉石，组成矿物除斜长石外，还有黝帘石、绿帘石、透闪石、绢云母、黑云母和榍石等多种矿物。具有色鲜质润的优点，历来被玉器制作者和收藏者所青睐，在市场中有很大的升值空间，可以雕琢成很精美的玉器，其优点主要表现在色彩瑰丽、玲珑剔透上，因为它有独特的自然品性。

独山玉因矿物成分的不同，所呈现的颜色有较大的差异，颜色较多，色调齐全，红、黄、绿、白、青、黑、紫各有千秋。主要品种是白独玉，其中包括水白玉、白玉、乌白玉等；再者是绿独玉，主要有绿玉、绿白玉、天蓝玉、翠玉等；还有青独玉，即为青玉。此外还有黄独玉，即为黄玉；红独玉，又名芙蓉玉；黑独玉，即为墨玉。其他各种颜色的独玉就是杂玉。

各种颜色的独玉中，价值最高的是水白玉、天蓝玉和绿白玉。人们常把透明度好的独山玉美其名曰为独翠，而紫玉和杂玉的等次则稍逊。独玉有一个明显的共同点，即玉质内部有微细的小颗粒，体径都在0.06毫米以下，因此玉质细腻，密度很高，质地坚硬。在独玉中，透明度和洁净度较好的是白玉，半透明到微透明是其他品种所具备的。

独山玉 摆件二泉映月

独山玉　凤纹古玉璧

独玉的开发和制作历史相当悠久，在新石器时代，独玉就已经有了大规模的开采，如在河南省南阳黄山新石器文化遗址所出土的器物，如玉凿、玉铲、玉璜等，就是用独玉为原料制作而成的。在汉代，南阳的独山被称为玉山。文献记载，独山玉的开采在汉代已经具有一定的规模，在玉山脚下曾经有一汉代制作和销售玉器的"玉寺街"，当年兴盛一时，后毁于三国时期蜀魏之间的战争，现仅存遗址。至今在独山上还能看到近千个古代采玉的矿坑。

独山玉的特点

（1）颜色

独山玉是一种多色玉石，在玉石上分布表现为：一是各色相互浸染交错，杂乱无章；二是大致呈平行带状，且在色相、浓度上呈渐变的关系。独山玉主要以绿色为主，绿色表现为两类：其一为透明度较好者，其颜色为暗绿色、蓝绿色、黑绿色，且蓝味较重；其二为不透明者，其绿色多为淡绿色、黄绿色，偏黄味；二者绿色欠正。除了绿色之外，独山玉还有红色、白色、黄色、褐色、黑色以及杂色等颜色。

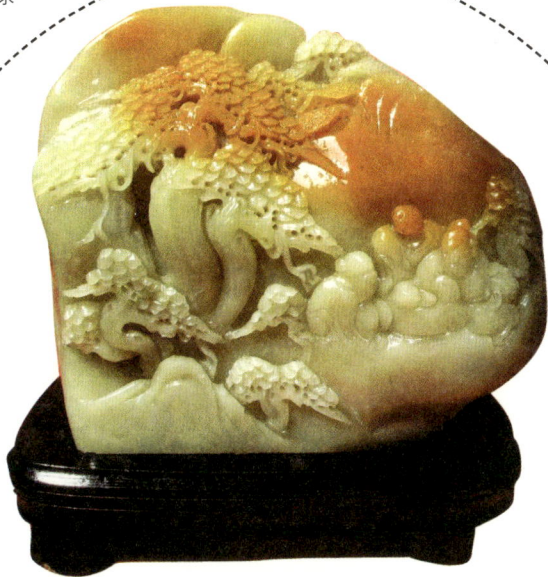

独山玉　摆件山中聚友

独山玉　九龙礨

（2）透明度

由于独山玉内部结构及组成成分的差异，它的透明度从半透明、微透明到不透明都可以见到。例如同是白色有透水白玉和干白玉，透水白玉透明度好，主要由粒度小于 0.01 毫米的斜长石组成，颗粒大小均匀，结构致密，质地细腻；而干白玉含有大量黝帘石，且粒度大，分布不均匀，质地粗糙。有的质地洁净，显示了独山玉质地复杂性。

（3）质地

由于独山玉由多种矿物成分组成，与翡翠、软玉有相近的成分，它的质地近似于软玉和翡翠，具有坚韧、致密、细腻的性质，如脂白似白云，翠绿似翡翠；但总体来说，它的质地不如软玉和翡翠。

（4）裂绺

独山玉有两种成因：一种是原生裂绺，因各种地质作用，将原石割裂成小碎块；二是开采加工过程中，受力作用而产生的次生裂绺，无方向性。裂绺影响玉石的自然块度大小和加工制作。

（5）杂质

独山玉中常分布一些污点或暗色矿物的零星残余，俗称"灰星"。若有"灰星"，对玉石工艺品的美观和洁净度都有影响。

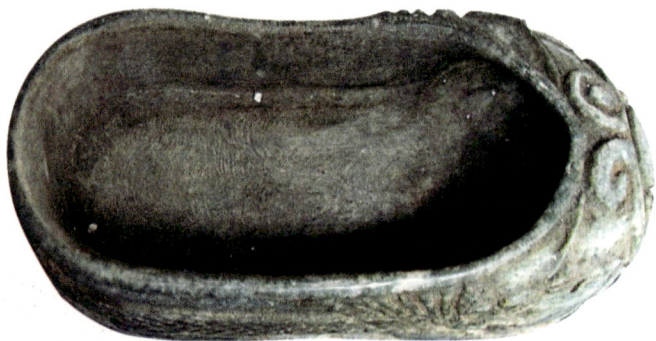

独山玉　玉鞋

5. 岫玉

　　岫玉又称岫岩玉，以产于辽宁省鞍山市岫岩满族自治县而得名，是我国玉石大家族中的重要一员，是最早被发现和实用的玉种。从中国最早的玉制品，到世界最大的玉制品，从原始文化阶段雕刻水平最高的玉器到当代被誉为国宝的玉雕精品，都是出自岫岩玉。由此可以说，岫岩玉在中国玉的历史上有着极重要的地位和影响。岫岩玉是玉文化赖以生存和发展的贵重资源和珍稀材料。从 20 世纪 70 年代末至 80 年代，辽宁省地质矿产局、中国科学院贵阳地球化学研究所等单位对岫玉进行了系统的研究，发现用岫玉制作的各种首饰和玉器不但销售于全国各地，而且在国际市场上的销路也非常好。

　　《中国文物鉴赏·玉器卷》载："几千年来，我国人民使用岫岩玉，从没间断过，最具代表的辽西出土新石器时期红山文化玉器用料全部为岫岩玉。从商周、春秋、战国到西汉，一直到今天，岫岩玉制品已随处可见。"

岫玉　老印章

岫玉　摆件凤凰牡丹

岫玉　玉猪龙

岫玉的特点

（1）结构

岫岩玉的玉石结构与众不同，这是因为不同石的矿物成分及其成因、粒度大小、共生关系等方面都存在或多或少的差异，因而岫岩玉的玉石结构很有特色。经偏光显微镜观察，其中最重要的为细均粒变晶结构，如蛇纹石玉的纤维鳞片变晶结构、透闪石的纤维柱状变晶结构、绿泥石玉的鳞片变晶结构等。交代结构在岫岩玉中亦普遍发育，其中常见的有交代残余结构、交代环边结构、交代溶蚀结构等。但在电子显微镜下观察，岫岩玉主要为交织结构，其中的矿物相互穿插、交叉和镶嵌。如果这种结构发育得越好，矿物质粒度越细，越均一，则岫岩玉的硬度就越大。岫岩玉的构造主要为致密块状，优质玉石尤其如此。那些呈脉状穿插构造、片状构造、碎裂构造的玉石，质地较差或完全不符合质量要求。

（2）颜色

岫岩玉的颜色有深绿、绿、浅绿、黄绿、灰绿、黄褐、棕褐、暗红、蜡黄、白、黄白、绿白、灰白、黑等色。因为岫岩玉的颜色极其丰富，故常使岫岩玉有非常美丽的"巧色"。实际上，岫玉颜色的深浅跟铁含量的多少有关，当岫玉中含铁多时，其颜色一般都深，反之则色浅。

玉石还有强烈的蜡状光泽、玻璃光泽，有的显油脂光泽；微透明至半透明，少数透明。其透明度与矿物成分和化学成分有关。当岫岩玉全部由蛇纹石组成时，其透明度高。如果其中有杂质含量达 5%~10%，则透明度差。当岫岩玉中铁、镁含量高时，其透明度往往较差；反之则透明度会增高。折射率 1.49~1.57，硬度为 4.8~5.5。

岫玉　鸡血扳指

蓝田玉　挂件瑞兽

6. 蓝田玉

蓝田玉是古代名玉，早在秦代即采石制玉玺，而唐代及以前的许多古籍中都有蓝田产美玉的记载。据记载，唐明皇就曾命人采蓝田玉为杨贵妃制作磬（一种打击乐器）。《汉书·地理志》说美玉产自"京北（今西安北）蓝田山"。其后，《后汉书·外戚传》《西京赋》《广雅》《水经注》和《元和郡县图志》等古书都有蓝田产玉的记载。

现今开采的新蓝田玉矿床位于西安市蓝田县玉川、红星一带，距县城约35公里，含矿岩层为太古代黑云母片岩、角闪片麻岩等。玉石为细粒大理岩，主要由方解石组成。

蓝田玉的特点及种类

陕西蓝田玉俗称"菜玉"，质地坚硬，色彩斑斓，光泽温润，纹理细密，一玉多色，其矿石主要构成有蛇纹石化的大理石、透闪石、橄榄石及绿松石、辉绿石、水镁石等形成的沉积岩；化学成分有二氧化硅、氧化铝、氧化镁、氧化钠、氧化钙、氧化铜、三氧化二铁等。是良好的玉雕和制作工艺美术品原料。

蓝田玉有翠玉、墨玉、彩玉、汉白玉、黄玉，多为色彩分明的多色玉，色泽好，花纹奇。主要分布在西安市蓝田县的玉川乡和红门寺乡。当地民间玉匠过去都是用人工采玉加工，近年来开始使用机械采石加工，生产出多种多样的装饰品和工艺品。如玉杯、玉砚、玉镯、健身球等。不少玉石品隐现出天然的山水图像，不失为物美价廉的工艺品。

蓝田玉　酒具

7. 玛瑙

玛瑙的历史非常悠久，距今大概有 1 亿年，地下岩浆由于地壳的变动而大量喷出，熔岩冷却时，蒸气和其他气体形成气泡。气泡在岩石冻结时被封起来而形成许多洞孔。很久以后，洞孔浸入含有二氧化硅的溶液凝结成硅胶。含铁岩石的可熔成分进入硅胶，最后二氧化硅结晶为玛瑙。有记载说由于玛瑙的原石外形和马脑相似，因此称它为"玛瑙"。在旧约圣经还有佛教的经典中，都有玛瑙的事迹记载。在东方，它是七宝、七珍之一。玛瑙以其色彩丰富、美丽多姿而被当作宝石或作工艺制品，也可以用来制作精密仪器的轴承及玛瑙研体、玛瑙乳钵等工业用品。

世界上玛瑙著名产地有印度、巴西、美国、埃及、澳大利亚、墨西哥等国。墨西哥、美国和纳米比亚还产有花边状纹带的玛瑙，称为"花边玛瑙"。美国黄石公园、怀俄明州及蒙大拿州还产有"风景玛瑙"。

需要特别注意的是，玛瑙是玉石晶体，只不过属于隐晶质结构，结晶过于细小而难以观察。

玛瑙　雕兽首水盂

玛瑙 壶

玛瑙的收藏

（1）从色泽上看

一般优质天然玛瑙有玻璃和油质光泽，天然图案色泽艳丽明快，自然纯正，光洁细润；纹理自然流畅，最主要的是玛瑙上有渐变色，其颜色分明，层次感强，条带明显。而品质一般的玛瑙的色彩和光泽均要差一些。通常玛瑙的颜色决定了它的升值潜力。各种级别的玛瑙，都以红、蓝、紫、粉红为最好，颜色要透亮，且应该无杂质、无沙心、无裂纹。

（2）从造型上看

一般外形有特点的玛瑙藏品收藏价值较高。玛瑙的质地很硬，制作起来需要有几十道工序，所以，造型越是繁复，造价也就越高昂，它的价值自然也就越高。

（3）从制作工艺上看

天然玛瑙石质坚硬、润滑、凝重，因此它的雕刻比起玉石雕刻更费工夫。一般来说，经过能工巧匠精雕细琢而成的玛瑙是具有较高收藏价值的，越是薄的玛瑙雕刻起来难度越高。如果在市面上看见雕工特别好的明清老玛瑙则要当心是现代仿品了。因为以当时的雕刻工艺，中间所打的线孔是不可能很平滑的，一般都歪歪扭扭，呈倒喇叭形。如果你看到一通到底很平滑的线孔，基本可判定是仿制品或者是假货。

玛瑙 摆件锦绣家园

三、玉石的鉴别

1. 玉石颜色真伪的鉴别

玉石的颜色不仅包括玉石本身的颜色，还包括玉石上的次生色。以下做具体介绍。

和田玉　龙凤对牌

边玉（边石）

从颜色上看，边玉既像玉又像石头，但同时它的颜色又与玉和石头的颜色有一些差别。实际上，边玉因处于玉矿和岩石层的过渡地带，岩石变质得不彻底、不完全，所以在颜色、硬度等诸多方面不同于玉石。尤其是颜色，是区分玉石和边玉的最好方法。

皮色

皮色就是玉石的表面颜色，因为玉石本身体质敏感，所以玉石出土之后，因为长时间与空气中的各种物质接触而形成的，不同于玉石本身颜色的色泽，主要有红、栗、黑、黄等颜色，并且往往并不光滑。在玉器的制作过程中，有的时候雕刻工人会将玉石表面的皮色去掉，露出玉石的本身颜色，但也有许多玉器保留了玉石的皮色，以此作为俏色。但这并不妨碍玉器本身的价值。在玉器鉴别和购买时要仔细观看。

作色

人工作色也属于玉的次生色之一，人工作色并不能简单地看作是制假造假，有的时候，人工作色也是增加玉器价值的有效途径之一。人工作色的历史悠久，据考证，其源头甚至可以追溯到宋代。当时人们把人工作色叫作提油，就是通过加热灯的方法，让染油经由玉器表面的裂痕、孔洞等地方深入玉石的肌理之中，从而达到改变玉石颜色的目的。但是这种方法作出来的玉，颜色呆滞，同天然受沁的玉色相去甚远。并且随着时间的流逝，人工作色的玉石还会出现褪色，或者色彩凝聚成斑等现象。

2. 常见玉石的识别

目前，中国玉器市场上鱼龙混杂，不仅有真玉，还有杂玉和假玉。因此在收藏购买玉石的时候，要谨慎小心。以下，对于目前玉器市场最常见的玉石作简单介绍。

和田玉的真假识别

（1）观察其是否为半透明

真玉有半透明的，也有不透明的，在光照下，和田玉能透过光，但看不清透过的物像。可将玉石对准光源，用手在玉后晃动，真的和田玉能看出有黑影晃动。

（2）皮色识真假法

真玉的光泽一般都比较温润，其他玉石的滋润和油脂光泽不及和田玉。内部夹有少量杂质或呈棉絮状花纹均属正常；假玉器色泽干枯，灰暗呆板无灵气，有的还有气泡。用舌尖舔的时候，真玉有涩的感觉，而假玉则无。

（3）重量分辨真假法

把玉放在手里掂一掂，真玉的手感较沉重，假玉的手感比较轻飘，真玉用手摸会有冰凉润滑之感。在玉器体积相同的情况下，真玉的重量相对于假玉的重量要重。

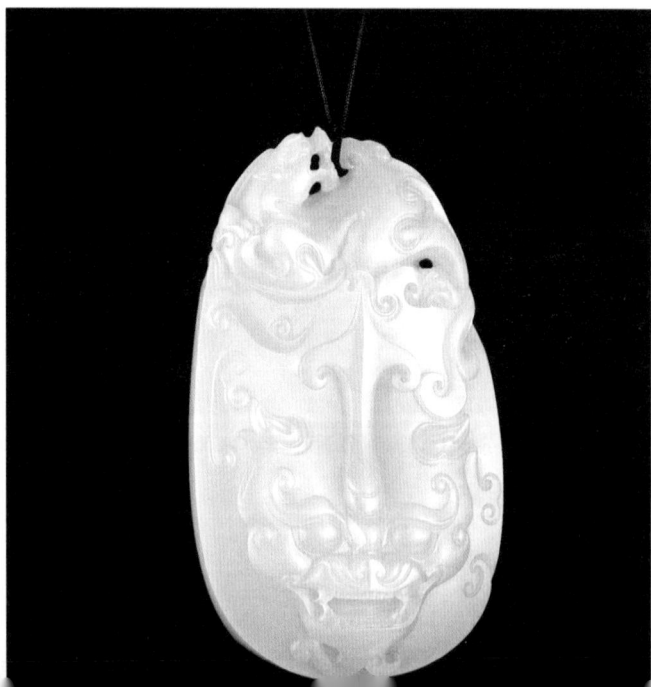

和田玉籽料　天龙地虎佩

岫玉　挂件丝瓜

绿松石的真假识别

（1）从特征方面来辨别

优良品质的绿松石在 50 倍的放大镜下观察，是看不见晶体的，只有在 3000 倍电子显微镜下观察，方能看到清晰的颗粒界限及基质中的深蓝色染料颗粒，针状小晶体 1 微米～5 微米，质地非常细腻，抛光面上好似上了釉的瓷器，劣质绿松石硬度弱，质地粗糙，孔隙多。

（2）铁线检验法

由于天然绿松石的组成非常复杂，铁线就成为鉴定绿松石的一个重要标准，如果是天然绿松石，我们观察表面铁线，比较有立体的感觉，由于是自然产生，铁线有粗有细，且分布的情形也有疏密不同，具有天然的真实美感；合成绿松石的铁线用手摸会感到平滑，没有立体感，铁线粗细大致差不多，且看起来的感觉较不自然。

岫玉的真假识别

岫玉的价格通常都比较合适，不会很高，因此假冒岫玉的材料也比较少见，主要就是玻璃、合成材料、玉粉压块。真的岫玉里面会有白色的絮状物，就像棉一样，就算是极品的玉料或多或少也会有一点，而假的都不会有这样的絮状物。假的岫玉通常情况下都是由玻璃合成的，对着光能够看见气泡。气泡中间的孔是透明的，而棉是实心儿的。岫玉当中的棉，是二次蚀变时的白云岩粗颗粒。合成材料一般在密度上比较轻，拿在手上很容易就能感觉出来，玻璃和岫玉在外观上和密度上比较相似。对玻璃和岫玉进行摩挲，人会感觉玻璃很涩，而岫玉则很光滑。

玛瑙的真假识别

目前市场上出现了大量的假玛瑙，主要产品是合成玛瑙，有玻璃的、塑料的、石质的等，虽然它的纹理、色泽度可与天然玛瑙相媲美，但却不具经济价值。售卖者妄想鱼目混珠，行家看后必嗤之以鼻，所以爱好者欲收藏或玩赏时，就应小心分辨了，主要的鉴别方法有：

（1）花纹和颜色

真玛瑙色泽鲜明光亮，假玛瑙的色和光均差一些，二者对比较为明显。天然玛瑙颜色分明，条带花纹十分明显，而仿制的假玛瑙多数颜色艳丽、均一，给人一种假的感觉。

（2）质地

假玛瑙多为石料仿制，较真玛瑙质地软，用玉在假玛瑙上可划出痕迹，而真品则划不出。从表面上看，真玛瑙少有瑕疵，劣质则较多。

（3）透明度

真玛瑙透明度不如人工合成的好，稍有混沌，有的可看见自然水线或"云彩"，而人工合成的玛瑙透明度好，像玻璃球一样透明。

（4）重量与温度

真玛瑙首饰比人工合成的玛瑙首饰重一些，而且真玛瑙冬暖夏凉。人工合成玛瑙随外界温度而变化，天热它也变热，天凉它也变凉。

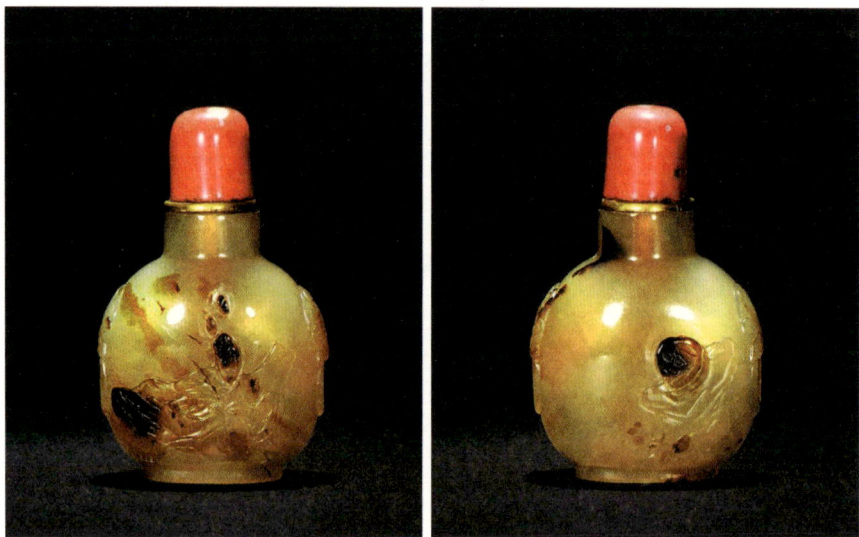

玛瑙 巧作人物纹烟壶

3. 老玉新工的鉴定

天生玉纹

　　玉石上的玉纹是玉石在岩石层中，随着岩浆喷射、地质变迁等地壳变化而形成的，通常情况下，条理非常清晰，比如蓝田玉、岫玉上，经常可以看到这样的玉纹。所以在玉器市场上，人们常常会在玉石的玉纹上动手脚。天然的玉纹饰一层一层的，层与层的界限明晰，但是在中国古代，从夏商时期，一直到明清时期，人们在玉器的制作过程中，却很少用到带有玉纹的玉料，认为那样的玉料含有杂质，在使用之前，会将玉石上的玉纹去掉。所以玉器市场上带有玉纹的古玉多半是假的。除此之外，还要注意玉纹和玉筋的差别。玉纹的颜色常常会不同于玉石本身的颜色，但是玉筋却与玉石本身的颜色相同，也因为这个原因，所以在我国古代，用带有玉筋的玉料制作而成的玉器还是很多的。并且玉筋质地细腻，不容易受沁染色。这也是判别玉筋的方法之一。

马牙种翡翠　手镯

籽料老皮老芯纹

不仅新疆和田地区有籽料，其他地区也有籽料，比如岫玉籽料、蓝田籽料、俄玉籽料、独山籽料、青海籽料等，这些籽料经过长年累月的风化日蚀，逐渐孕育出品质优良的玉料。但是在中国古代，因为科技上的限制，是没办法做到去地下开矿的，所以当时的玉器都是用纯色的或者是去除掉老芯的籽料作为玉材，所以，现今玉器市场上带有老芯的古玉多半是假的。

紧紧抓住老玉、老工、老芯这个顺序

真正的古玉都是老玉、老工、老芯，也就是先有玉材，然后再进行玉器制作，最后才会有入土受沁，也只有经过这样的步骤，玉石才会显得温润光滑。如果是人工仿制的，那么玉石的颜色不会自然，并且在玉石上也一定会存在各种各样的小瑕疵，只要仔细观察，很容易发现。

从玉芯纹的纵向和横向来看

真正古玉的纵横纹都是被切开的，所以当在整个玉石的剖面中寻找不到天然的拐角时，那么这块玉多半是假的。所谓天然的拐角就是说在拐角的地方，沁色和纹路非常自然，浑然天成，上下连片，这是人工切割无法做到的。另外还有老玉原形加工的仿古玉，使用以上介绍的方法是辨别不出来的，所以在此基础上还要"远看其神"，就是把它放到远一点儿的地方仔细观察，看是否形在神中，形神一体。也就是说，形神一致是这种玉与真玉的最大区别。当然，如果没有一定的鉴别经验，是很难做到的。

四、中国玉器的起源

　　玉器是中华民族的国粹，我国是世界上用玉最早，也是用玉时间最长的国家，素有"玉石之国"的美誉。根据东汉袁康《越绝书》的记载："轩辕、神农、赫胥之时，以石为兵，断树木为宫室，死而龙臧……至黄帝之时，以玉为兵，以伐树木为宫室凿地……"我们可以看到，我国的用玉历史可追溯到黄帝之时，也就是新石器时代晚期。我国的考古学家于 20 世纪 70 年代在辽东半岛出土的青色斧形器就是那个时期制造的玉器，这个用辽宁岫玉制作而成的玉器呈扁形条状，长度达到了 13.8 厘米，两端呈凸出的弧形。并且较宽的一端被打磨出刀刃，这块玉器就制作于新石器时代晚期，是我国现存世界上最早的玉器。

满绿　聚宝袋

满绿　弥勒佛

关于玉器的起源，前面已有所描述，这里再简单介绍一下。根据相关的考证，在那个时期，人们采集大自然中的石块，并将它们打磨锋利，制造成生产和生活工具。在打磨石头的过程中，人们发现了玉石，并且注意到玉石制作而成的石器不仅坚固耐用，而且非常好看，对玉石便产生了喜爱之情。但是那个时期，人们对于玉石的认识是非常肤浅的，仅仅认为玉石就是"美丽的石头"，更没有提出专门的玉石的概念。所以在很长一段时间之内，人们都把玉当成石头的一种，用它来制造生产生活用的工具。后来随着青铜器的出现，也就是"铜石并用时代"的到来，玉器的使用价值逐渐衰落，审美价值日渐突出，这使得玉从石头中脱离出来，成为一种装饰物，更因为数量的稀少，而成为财富和权力的象征。当然在此后的时期，因为原始宗教的兴起，玉器更是成为巫术祭祀活动中的神器，成了人神沟通的媒介。所以，可以说玉器是从石器中产生，之后又从石器中脱离出来的。

当时的玉器种类主要有玉铲、玉斧和玉兵器等生活实用类工具，玉环、玉簪、玉璜等装饰物，以及玉龙、玉鸟等各种不同形象的玉雕。原始宗教兴起之后，又出现了玉璧、玉琮一类的祭祀神器。这一时期出现的文明中，最具代表性的有河姆渡文化、良渚文化、大汶口文化、红山文化、龙山文化等，从现今经考古学家发掘出土的玉器来看，这些玉器制作略显粗糙，雕刻简单，带有古朴雅卓的原始之风。

黄玉 关公吊坠

五、中国古玉的种类和特征

1. 中国古玉的种类

（1）玉圭

玉圭是中国古代君王或者诸侯专用的玉器，是代表瑞信的礼器。因为所戴之人地位的不同而有不同的性质和式样，主要种类有大圭、信圭、躬圭、四圭、裸圭、镇圭、桓圭等。这类玉器多出土于周代的墓穴之中。

玉圭

玉琥

玉璧

（2）玉笏

玉笏是古代官员朝会时专用的手板形玉器。

（3）玉带

玉带是唐宋时期官员朝会时所用的用玉装饰的腰带。

（4）土圭

土圭是用来测量四时、土地和日影的玉制量器。

（5）琀玉

琀玉又名玉蝉。古时，死人入殓，放入尸体口中，具有防腐之用的玉器。因死者身份和地位的不同而有不同的形制。

（6）玉璧

玉璧是天子或诸侯祭祀专用玉器。中间有孔洞，又有大璧、蒲璧和谷璧三个种类，用途多样，或作为祭祀活动中的祭祀神器，或作为显示地位和身份的随身饰物，或用作称重时的砝码，或用于尸体中，起避邪和防腐之用。

（7）玉瑗

玉瑗是专指中间有大的孔洞的玉器。

（8）玉琥

玉琥是一种雕琢成琥形象的玉器。

（9）玉珩

玉珩是用于璧环上的玉制饰物，一般尺寸较小，形状酷似磬。

（10）玉环

玉环是一种中间有孔洞的圆形玉器。

（11）玉佩

玉佩是一种装饰用的玉制饰物。

（12）玉带钩

玉带钩是一种用以钩住腰带的玉制工具。多出土于春秋战国时期的墓穴之中。

（13）玉剑饰

玉剑饰是用于佩剑上的玉制饰物，包括玉鞸、玉鞸带扣、玉剑格和玉剑首四部分。多出土于明代之前各个时期的墓穴之中。

（14）玉珌

玉珌是刀剑鞘口处的玉制饰物。

（15）玉印玺

玉印玺是中国古代皇帝专用的玉器，是皇权的象征。

（16）玉盘

玉盘是一种玉制的盘子。

（17）玉鱼

玉鱼是一种鱼形象的玉制饰物。

（18）玉藻

玉藻是古代君王或者诸侯所戴王冠上垂挂下来的玉制饰物。

（19）玉衣

玉衣是一种用金银线将玉片连接在一起制作而成的玉制葬服。因所用之人身份和地位的不同而又有不同的形制。

（20）玉豚

玉豚是一种死人手握的豚形玉器。

玉斧

080

玉壶

2. 古玉器的一些标志特征

材质方面

新疆和田玉制作的玉器是从商代开始才出现在我国中原地区的。用翡翠制作玉器始于唐代。

纹饰方面

兽面纹饰是新石器时代晚期到商周时期最为常见的玉器纹饰；而神人兽面纹则主要出现于新石器时代；谷纹始于战国中后期，在战国后期和两汉时期兴盛一时；云纹始于商代，兴盛于商周；凤鸟纹始于西周。

种类方面

用玉制作的工具多见于春秋之前的时代。葬玉之风始于战国时期，玉衣仅出现于汉代。礼器多出现于汉代之前，琮出现于东汉时期之前，玉璜仅出现于商代。长管形玉琮仅出现于良渚文化，玉带钩始于战国时期，兴盛于元明时期。玉带以及玉制文具、酒具都始于唐代等。

和田玉　猴子献寿

新石器时代的玉器

中国的用玉历史可以追溯到新石器时代，而在新石器时代我国主要有红山文化、良渚文化、大汶口文化、河姆渡文化等代表性文化遗址。在这些不同时期、不同地区的文化之中，红山文化和良渚文化代表了中国玉文化的主流，当然其他的文化也具有一定的典型性。所有这些文化中的玉器制作共同见证了那一时期中国玉文化的发展历程。

良渚文化 青玉琮

一、红山文化玉器

1. 红山文化概述

　　红山文化是中国新石器时代的原始文化形态之一，距今约6000～5500年。发祥于内蒙古赤峰市，后来逐渐扩散到内蒙古东南部和辽宁西部地区，是由一个大的部落集团创造的，因在1935年于内蒙古赤峰市的红山附近被首次发现而得名。红山文化在中华文明和中国社会发展进程中占有十分重要的地位，有"中华文明的曙光"的美誉。而在红山文化遗物中，最具代表性的就是玉器，红山文化玉器无论造型风格、雕刻工艺，还是用玉制度，都表现出了自己独特的风格，具有极高的历史文化价值。目前，我国出土的红山文化玉器已有数百件之多。从红山文化被世人发现开始，我国的相关学者就开始了对红山文化的研究工作，目前这方面的研究已经取得了不小的进展，并且还有很大的研究空间。

红山文化　玉龙

红山文化　玉猪龙

2. 红山文化玉器的题材

红山文化玉器的题材丰富，主要有以下几类。

龙题材

龙题材的玉雕是红山文化玉器中最具代表性的题材之一。比如著名的"中华第一龙"，在这类题材的玉器作品当中，我们可以清楚地看到那一时期的人们比较成熟的玉器雕琢工艺。另外我们从中也可以看出，内蒙古地区是中华龙崇拜的重要起源地之一。

玉猪龙题材

确切地说，玉猪龙题材应该从属于龙题材，但是因为玉猪龙题材太具有典型性，所以这里单独拿出来介绍。所谓玉猪龙就是猪头蛇身，酷似龙形象的玉雕。在红山文化遗址中出土了多件玉猪龙作品，从这类题材的玉器当中，我们不仅可以看出龙形象的原形就是猪和蛇，还可以知道，我国野猪驯化的悠久历史，颇具历史文化价值。

红山文化　玉猪龙

红山文化 玉凤

鹗题材

古人习惯于将鹰和猫头鹰统称为鹗，因为鹰的勇猛坚强，所以那一时期的人们对于鹰很是崇拜，于是就有了这类题材的玉器。在红山文化中，鹗题材的玉器数量非常多。据相关学者考证，这类玉器多用来在祭祀活动中充当礼器。

凤题材

红山文化中的凤题材玉器往往用淡青色或白色的扁薄玉片雕刻而成，故而非常精美。

龟题材

在中国古代，乌龟被看作是神圣的动物，与龙、凤和麒麟一起，被看作是祥瑞的象征。这类题材的玉器一般都是成对出现，主要用于下葬时，供死人手握，以防腐、避邪。

勾云形题材

勾云形玉佩多作为礼器，放在尸体胸前，以起到防腐、避邪的作用，这种玉器主要由勾角和小凸两部分组成。在红山文化玉器中，因为勾角和小凸部位组合形式的不同而衍生出各种形式的勾云形玉佩，从而形成了一个系列题材。这种玉器的造型过于抽象，因而颇具神秘色彩。

S 形龙题材

这类题材的玉器是红山文化玉器中最为小巧精致的玉器种类。这类玉器采用优美的浅浮雕工艺，表现出无限的活力和动感，是红山文化玉器中的极品玉器。当然，除了 S 形的龙题材之外，还有 C 形的龙题材和猪题材等。

红山文化　玉 C 形龙

红山文化　马蹄形玉器

马蹄形题材

这类题材的玉器又名玉发箍，在红山文化玉器中数量不少，这类题材的玉器大多上口略宽，下口较平，整体酷似马蹄形，故而得名。同样也是红山文化玉器中最具代表性的题材之一。

中国玉器的历史知识　>>>

葬玉是何时出现的？

葬玉出现的时间比较早，考古学家的研究证明，玉制明器和玉制礼器几乎是在新石器时代晚期同时出现的。

3. 红山文化玉器的功能

红山文化玉器的种类非常丰富，相关专家将这些玉器进行整理归类之后，发现它们各自主要具有以下不同的功能。

礼器类

这类玉器大多在宗教祭祀活动中充当人神沟通的工具，这类玉器有一个共同的特点，那就是它们的造型神秘，是人们将生活中所见之物抽象化得来的。

仿生类

所谓仿生类玉器就是指各种动物形象的玉器，比如龙、鹰、龟、凤等，这类玉器多作为装饰品出现。

神灵类

所谓神灵类玉器就是指各种不同的神形象的玉器，比如玉神人、玉母神、玉"太阳神"等。

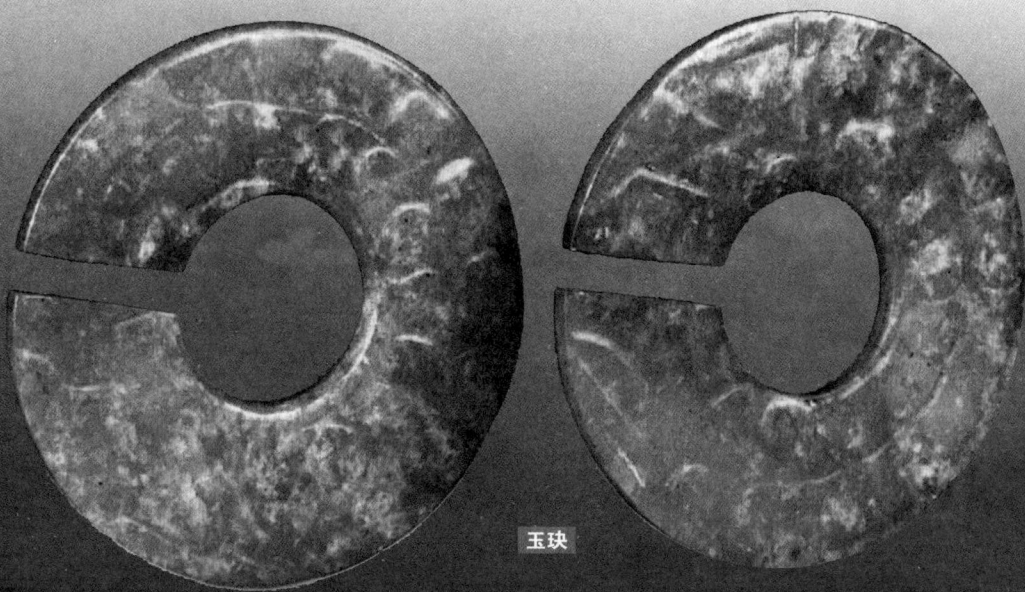

玉玦

宗教类

红山文化时期正是原始萨满教兴盛的时期，所以宗教类玉器的数量也有很多，这类玉器大多以"红山萨满"的形象为原型进行雕刻，表现人们对于萨满的尊敬。

生殖崇拜类

这类玉器也与当时的宗教关系密切，同样具有极高的历史文化价值。

珠宝首饰类

这类玉器多用来供人佩戴，以起到装饰美化的作用，比如玉环、玉项链、玉佩等。

工具类

在红山文化玉器中还有一些极具实用功能的玉制工具，比如玉斧、玉凿、玉匕首等，但是这类玉器的数量并不多。

红山文化　鸟兽纹佩

4. 红山文化玉器的器型

　　红山文化玉器的形制一般较小，整体上呈扁平的形状，并且玉器的壁非常的薄，可以说，从现今出土的红山文化玉器中，还没有见到大型的玉器，所以玉器市场上那些随处可见的红山文化时期庞大粗重的大型玉器都是假的。除此之外，红山文化玉器还有一个重要特点，那就是这一时期的玉器大多有正反面之分，正面的造型多用瓦沟纹雕刻而成，并且在玉器的边缘一般都会有刃状纹饰；但是玉器的反面却往往什么都没有，完全以素面见人。正反两面的差别非常大。在红山文化玉器中，最为典型的要属玉箍形器，这一类玉器大多为黄绿色或者绿色，造型上多呈扁圆筒状，并且在靠近玉器开口处还常常有两个圆形小孔以对称的方式出现。经过相关专家的考证，这类玉器，实际上是红山文化时期原始萨满教主持的象征，是巫术祭祀活动中的礼器。从现今考古出土的玉器来看，这种玉器只出现在红山文化时期，因而是红山文化特有的玉器种类。

红山文化　丫形玉器

红山文化　玉管

5. 红山文化玉器的雕刻

红山文化玉器制作多取材于当地的玉料，其中大部分是东北地区以透闪石和阳起石构成的软玉。这种玉的硬度很大，雕刻加工难度颇高，所以红山文化玉器从总体上看，雕工质朴，并没有太过华丽的纹饰，通常情况下就是在加工而成的片状或者圆柱状玉材上，运用简单的浮雕手法，雕刻一些瓦沟纹。玉器的加工中，更多的是运用开片技术，将玉材加工成片状或者圆筒状。在玉雕方面，红山文化玉器则常常运用磨碾手法来对玉材进行雕刻。从最终成品上看，雕像的棱线大多触之可感，而阴线也是棱角分明，至红山文化后期，玉器上的线条才变得圆润起来。在红山文化玉器中，还有一个普遍的现象，就是几乎每件玉器上都有孔洞，数量不一，位置也不定，有的是左右对称出现的，有的是两孔斜穿相同，还有的是两孔并不对接等，并且从孔洞的纵向看，孔壁往往打磨得非常光滑，但是孔洞的直径并不一致，即使是同一个孔洞的直径也常常是有差别的，或者一端大，一端小，呈喇叭状；或者两端大，中间小，呈蜂腰状；或者两端小，中间大，呈腰鼓状。并且在打孔技术上，红山文化也有自己独特的开创，首先是在玉璧的一面打一个孔，但是在玉璧的另一面的相同位置却是两个孔，这种孔洞俗称象鼻眼，这种打孔技术在唐代之前，是红山文化所特有的。其次是在玉器的棱脊上对称打孔。最后是在玉器的横向沟槽内对称打孔。这三种打孔技术是同时期其他文化中的玉器所不具备的。

6. 红山文化玉器的材质

红山文化往往遵循那一时期选料就地取材的规律，更多地运用当地出土的玉料——辽宁岫岩软玉进行玉器制作。除此之外，宽甸玉和类似碧玉的深绿色玉也是常用玉材。这些玉料主要由透闪石组成，硬度在 4~6 之间，颜色以黄、浅黄、青色为主。当然，红山文化玉器中也有以松石、玛瑙等玉材制作的玉器，但是数量并不太多。以下作具体介绍。

岫岩玉

红山文化玉器制作中最主要的玉材之一，主要由蛇纹石构成，硬度较低，在4~6之间，颜色以淡黄、黄绿为主。因产于辽宁省岫岩满族自治县而得名。

宽甸玉

又名老岫玉，红山文化玉器制作中最主要的玉材之一，主要由透闪石构成，硬度较高，接近6，因产于辽宁省宽甸满族自治县而得名。

深绿色玉

红山文化玉器制作中最主要的玉材之一，从材质和颜色上看，酷似于新疆玛纳斯碧玉，产地至今不明，但据相关专家考证，这种玉并不产于红山文化区域之内。

墨玉、青玉

红山文化玉器中，还有少量的玉器是用墨玉、青玉甚至玛瑙、松石制作的。这类玉料大多具有蜡状光泽或玻璃状光泽，质地较粗糙，易于染色。但即使是人工的色彩也很自然，是用来作假的理想玉料。

红山文化　玉猪龙

7. 红山文化玉器的沁色

红山文化玉器因为玉料颜色的关系，主要有青、白、黑、黄等颜色，其中最为珍贵的当属黄玉，但是因为长久地埋于地下，所以大多带有一定的沁色。从现今出土的玉器来看，这些玉器的沁色往往因埋藏地点的不同而多有不同。并且关于红山文化玉器的沁色，还形成了许多专用术语，比如风吹云、灰坑白、鸡骨白、瓜皮贴地等，初学者往往并不理解。如前所述，红山文化玉器所用的玉料主要由深绿色玉、宽甸玉和岫岩玉组成，这三种玉料都不太容易受沁，所以这三种玉料制作而成的玉器即使在土下埋了几千年，沁色也并不明显。目前出土的玉器的沁色主要有以下三类。

白色水沁

这种沁色多呈雾状，大多处于玉器的表层之下，位置并不深。

黄色土沁

具有这种沁色的玉器多出土于辽宁省阜新市胡头沟一带。

黑色水银沁

这种沁色多出现在白玉制作的玉器上，最为典型的是辽宁凌源三官甸子出土的兽首三孔器。

红山文化　玉龙

8. 红山文化玉器的工艺

红山文化玉器的制作工艺与其他文化的玉器，甚至其他时代的玉器都有相似之处，先要选取玉材，再因材施艺，运用熟练的玉器加工雕刻工艺制作玉器。但是具体到各个不同的工序，红山文化玉器又有诸多的不同。在对玉料进行雕琢之前，会先对玉料进行加工，把玉材做成片状或者圆柱状，并且加工好的玉材拥有不同的尺寸。除此之外，在雕刻工艺上，也不同于其他文化或时代的玉器较多地运用阴线和凹槽来塑造形象，而是往往通过寥寥数刀就可以雕刻出生动形象的玉器造型，并且还带有非常鲜明的时代文化特征。

9. 红山文化玉器的纹饰

瓦沟纹和阴刻纹是红山文化玉器的主要纹饰，与别的时代玉器的纹饰风格相比，红山文化玉器的纹饰风格显得古朴简单，有的玉器甚至是素体，没有纹饰。从目前出土的红山文化玉器中，主要可以看到关键部位施纹、半光素半施纹和通体光素无纹饰三类纹饰。其中关键部位施纹主要运用于动物形象的玉雕，半光素半施纹的玉器以龙题材的玉器为主，而通体光素无纹饰的玉器主要有玉璧、双联璧、玉箍形器、玉环等。

10. 红山文化玉器的风格

红山文化玉器的形质一般较小，以精巧取胜，造型多以动物形象或者片状、圆柱状为主，很少有方正呆板的玉器。在雕刻风格上，追求神似，往往通过简单的线条，就能刻画出生动传神的形象。玉器上多有孔洞，以便于随身携带。从而使红山文化玉器带有自然朴拙、形象生动、豪放不羁的风格。

中国玉器的历史知识 >>>

红山文化的玉器墓

红山文化中大部分的玉器都是从红山文化的玉器墓中出土的，这种墓穴是红山文化中特有的。一般情况下，这种墓穴之中的随葬品只有玉器，没有其他材质的物品，这也是原始社会晚期阶级分化的产物。

11. 红山文化玉器的辨伪

在中国的玉器市场上，高古玉一直是人们追逐的热点，每一个玉器收藏爱好者都希望自己能拥有一块真正的高古玉。也正是因为这种旺盛的需求，高古玉的价格一路走高，在巨大利益的驱使下，大批的仿制品涌入玉器市场，给人们购买真品造成很大的困难，在众多的高古玉中，新石器时代的玉器因为价值最高，所以仿制品也是最多的，而红山文化玉器作为这一时期的代表，伪品更是泛滥成灾，所以广大的玉器爱好者在购买的时候应该谨慎小心。要想在鉴别和购买红山文化玉器时能够准确无误，应该从以下几个方面努力。

（1）要对红山文化有全面的了解

红山文化玉器是根植于红山文化之中的，所以要了解红山文化的玉器，先要对红山文化有全面的了解。这样做可以避免在鉴别和购买红山文化玉器时，犯一些常识性的错误。

红山文化 玉斧头

红山文化　玉猪龙

红山文化　玉鱼

（2）多看少买

有些人对于红山文化玉器一知半解，便以为自己懂行了，看到玉器市场上销售的红山文化玉器，就凭借自己那点儿经验，武断地肯定，并大量购买。在购买回来之后，经专家鉴定，多是假的。所以在购买红山文化玉器的时候，要多看少买。

（3）多看书，多看实物，以增进对红山文化玉器的了解

在了解了红山文化的基础上，还要多看看相关方面的书籍，多向相关专家取经，如果有机会的话，多看看真品更好，这样才能增进自己对于红山文化玉器的了解。

（4）找到真品和伪品之间的差别

红山文化玉器种类繁多，并且在雕刻、造型、制作工艺等多个方面都带有自己独特的风格特征，这些独特的风格特征是由人类数十年甚至数百年的经验积累而成的，所以一般粗劣的仿制总会存在着这样或那样的瑕疵，很难做到天衣无缝。如果能掌握两者之间的主要区别，就能很好地从伪品之中辨别出真品。

（5）了解染色和侵蚀的区别

为了仿制红山文化玉器的颜色，目前市场上大多数的伪品都是通过人工染色的方式来进行仿制的，但是这种染色很难做到真品受到自然侵蚀而形成的沁色那样的自然，初学者应该了解并掌握两种颜色之间的差异。

总而言之，只有在充分了解红山文化以及红山文化玉器的基础上，才能准确地鉴别目前玉石市场上红山文化玉器的真伪。

红山文化　玉璇玑

良渚文化　神面纹双节玉琮

二、良渚文化玉器

1. 良渚文化概述

良渚文化是中国新石器时代的原始文化形态之一，距今5300~4000年。主要分布在太湖地区，北至江苏中部，南到钱塘江，是河姆渡文化、崧泽文化和马家浜文化的发展和继续。因于1936年在浙江余杭良渚镇被首次发现而得名。它与红山文化一起，将我国史前社会的玉器文明推向高峰，是中华文明的源头之一。从良渚文化遗址中出土的大量文物来看，当时的人们不仅会制作各种陶器，而且还具有非常熟练的玉器制作工艺。因为良渚文化历时长久，所以良渚文化玉器的风格多有变化，早期玉器质地粗糙、工艺简陋，带有很强的原始特征；中期玉器硬度较高，运用了较为高超的抛光和打孔技术，并且在造型、雕刻等方面均有不同程度的进步；晚期玉器质地精美，技艺精湛，种类繁多，对同时代周围的文化地区，乃至后代的玉器制作产生了深远影响。目前我国出土的良渚文化玉器已经有数千件之多，并且相关方面的研究也取得了很大的进展。

2. 良渚文化玉器的质地

　　制作良渚文化玉器的玉料主要是产于当地的由透闪石和阳起石组成的软玉，这种软玉因为内部纤维结构的不同，又可以分为两类：一种是湖绿色半透明的玉料，这种玉料在经过受沁后，会变白，这种玉料主要用来制作冠状饰、琮和钺等；另一种是暗绿色不透明的玉料，这种玉在经过受沁后，色彩会变得驳杂，主要用来制作玉璧、玉琮等。除此之外，还有一些用绿松石、萤石、叶蜡石等制作而成的玉器，但是数量不多。后来随着时代的不断发展，两种主要玉料之中，第一种玉料日渐衰落，第二种玉料成为真正主流的玉材。但是良渚文化因为历时长久，所以玉器在造型、品质等方面存在很大差异，整体来看，良渚文化玉器中一般的玉器都是从太湖地区所产玉料中取材，质地较为细腻，硬度不是很高，以绿色为主要颜色。但是这其中也不乏佳品，这些佳品无论是材质、造型，还是雕刻风格、制作工艺等，都有自己独特的风格，且品质优良。

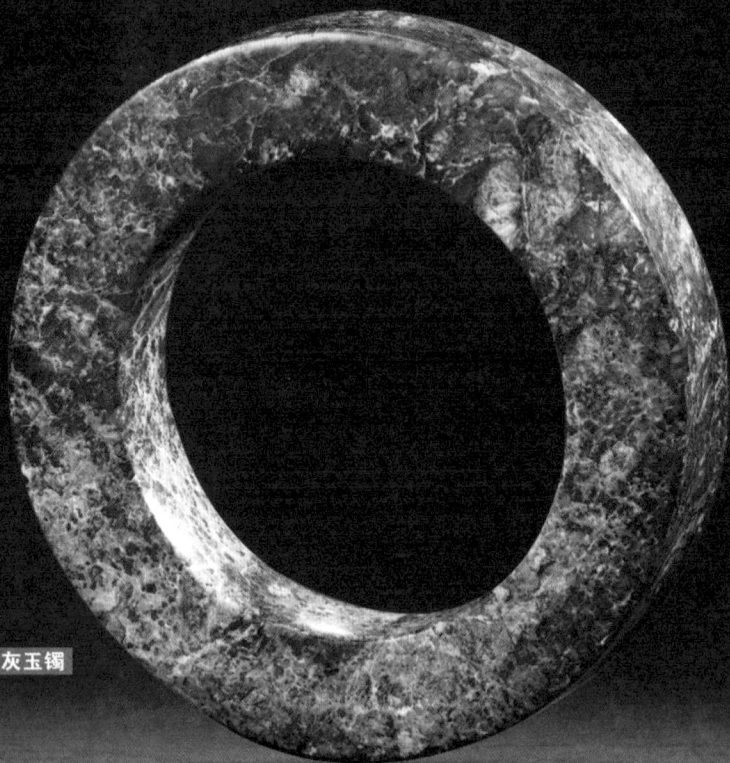

良渚文化　青灰玉镯

良渚文化 玉璧

3. 良渚文化玉器的种类

良渚文化玉器种类很多，而且造型丰富，其中最具代表性的有玉璧、玉琮、三叉形器、玉钺、半圆形饰、玉镯、玉璜、锥形玉器、柱形玉器、玉锄、玉牌饰、半圆形饰物、新月形饰物、玉带钩以及玉项链等，当然最能反映良渚文化玉器雕琢水平的还是那些形制多样、数量众多的玉琮。这些玉器按照用途可以分为两大类别：一种是祭祀用的礼器，比如玉璧、玉琮、三叉形器、玉钺等，这类玉器是原始宗教中用于祭祀活动的礼器，被看作人神沟通的媒介，因而带有一种神秘的色彩。一种是佩戴用的装饰品，比如玉镯、玉项链、玉带钩等。这类玉器按照组成方式的不同又可分为组装件（比如玉手杖、玉盖等）、穿缀件（比如玉珠、玉坠、玉管等）和镶嵌件（比如玉项链等）。其中的镶嵌件就是将几个小的玉元件组装成一个完整的玉器，是我国玉器制造中镶嵌技术的开创者。

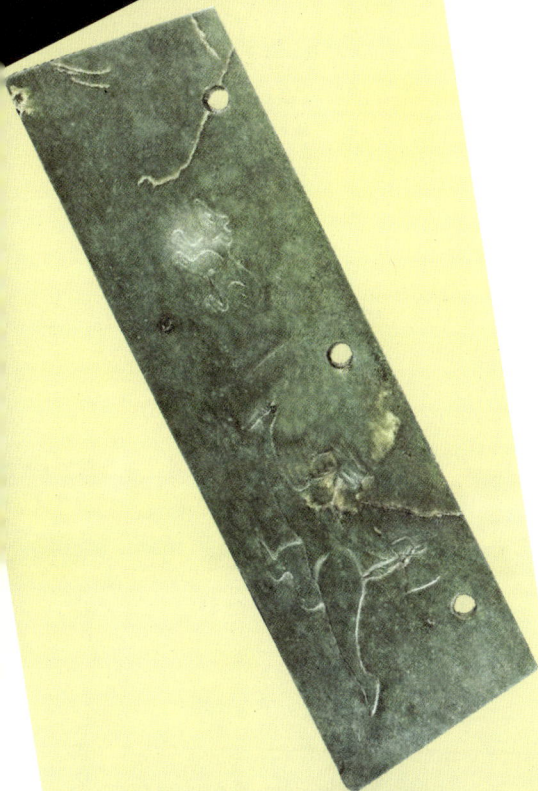

良渚文化 神人狩猎纹三孔玉刀

101

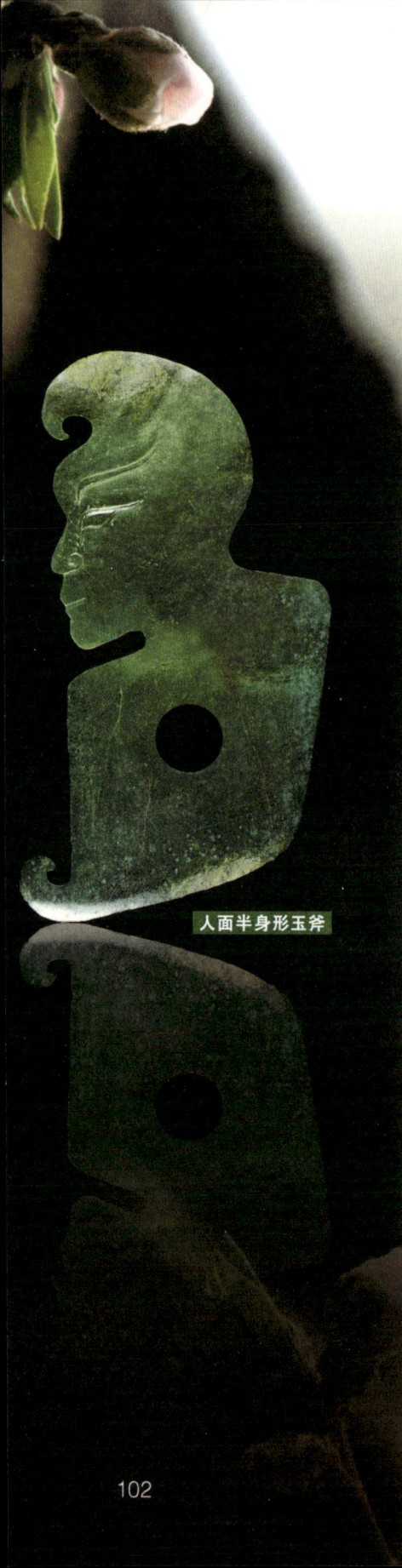

人面半身形玉斧

在良渚文化众多的玉器种类中，有很多是中国玉器作品中的经典之作，以下作具体介绍。

（1）玉琮

玉琮是良渚文化玉器中最具代表性的玉器，也是形制最大的一种。这类玉器主要用于巫术祭祀活动中，是宗教活动中神圣的礼器，因此往往材质优良、制作精美，多带有神秘的兽面纹或者神人兽面纹。

（2）玉璧

玉璧也是良渚文化玉器中颇具代表性的玉器种类。这类玉器多呈扁平圆形，中间有孔洞，是良渚文化玉器中数量最多的玉器。通常情况下是作为礼器，在宗教祭祀活动中用的。同时一些形制较小的也可以随身佩戴，是身份和地位的象征。

（3）玉斧

玉斧是良渚文化中最具特色的一种玉器，这种玉器主要作为一种生产生活工具，用于日常生活之中。

（4）玉钺

玉钺也是良渚文化中颇具特色的玉器。这种玉器的表面多刻有神人兽面纹或者鸟纹，在史前社会，玉钺是部落首领身份的象征，具有神圣的色彩。

良渚文化　玉燕

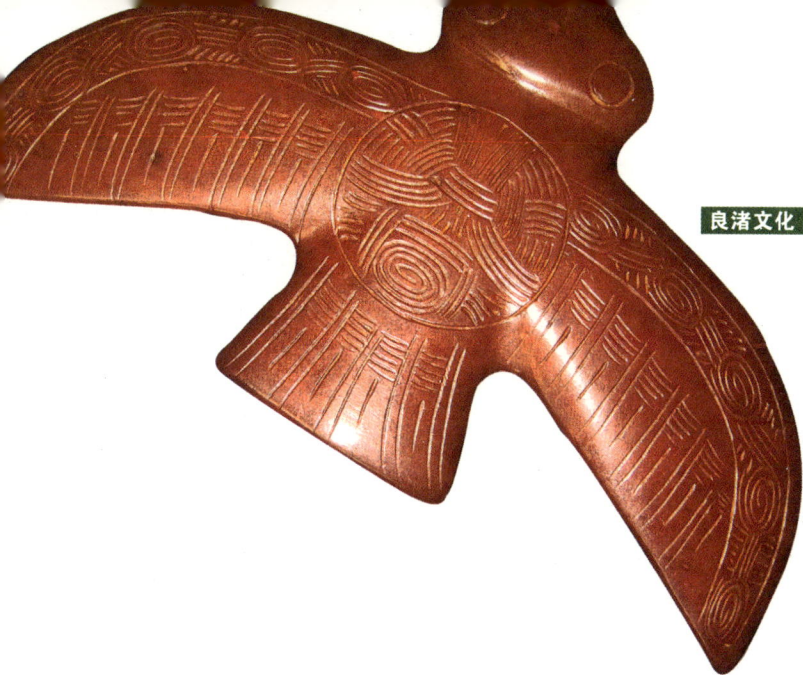

4. 良渚文化玉器的工艺

　　良渚文化的玉器制作经历了长久的时间，在制作工艺上也取得了较大的发展，到了良渚文化晚期的时候，在玉器的制作工艺中，石英砂已经得到了广泛而熟练的运用，另外砂解法和管钻法也得以普及。在雕刻工艺方面，良渚文化玉器主要多带有阴线纹或者兽面纹，并且玉器的抛光技术先进，能够做出玉面光滑照人的玉器。总而言之，良渚文化的玉器制作工艺代表了中国新石器时代玉器的最高标准。

良渚文化　玉鹰

5. 良渚文化玉器的纹饰

良渚文化玉器的纹饰华丽、种类丰富，比较常见的有神人兽面纹、立人纹、束丝纹、兽眼鸟纹、云雷纹、蒲草纹丝纹、蚩尤纹等。

其中最值得注意的就是，在良渚文化玉器中还出现了立体纹、装饰纹和地纹三位一体的"三层花"纹饰。这种纹饰不仅工艺复杂，而且很容易失败，但是从良渚文化遗址出土的，带有这种纹饰的玉器却制作精美、纹饰细腻均匀，堪称极品。神人兽面纹主要出现在用于宗教祭祀活动的礼器上，带有这种纹饰的礼器往往都带有一种神秘的色彩，这也是良渚文化中最有代表性的纹饰。

良渚文化 玉人形兽面纹璧

良渚文化　玉燕

良渚文化　神人兽合体玉玦

6. 良渚文化玉器的风格

　　不同于红山文化玉器的小巧玲珑，良渚文化玉器大多形制较大，讲究对称，风格严谨，气势恢宏。在玉器的制作过程中，往往将浮雕技术与阴线雕刻技术完美地融合在一起，再加上神秘的神人兽面纹饰，从而造就了良渚文化玉器的庄严神秘。比如良渚文化玉器中最具代表性的玉琮和玉钺，这两类玉器大多质地优良，雕刻精美。在玉身极为有限的平面上，用阴线刻出细腻而精准的纹饰，充分表现出良渚文化时期高超的玉制雕刻技艺。总的来说，良渚文化玉器具有轮廓分明、浑厚规整、方正端庄的风格特征。

良渚文化　玉枕

7. 良渚文化玉器的特征

良渚文化玉器具有以下几方面的特征：

①玉料遵循史前社会就地取材的原则，玉材多从当地选取。

②在众多种类的玉器中，充当宗教活动中的礼器的玉器占有相当大的比重，除此之外，主要是装饰物和生产生活工具。

③良渚文化玉器大多光滑平整，往往通过深而略带弧形的折线雕刻纹饰。

④良渚文化玉器中，带有神人兽面纹或者兽面纹的玉器占大多数，且质地优良、制作精美，具有神秘色彩。

⑤良渚文化玉器大多形制较大，并且非常注意对称，故而具有方正庄严的风格特征。

⑥良渚文化玉器在制作的过程中，常常将镂空术、透雕法、阴线雕刻技术等雕刻手法混合运用，从而使良渚文化玉器带有独特的艺术风格。

⑦良渚文化玉器在眼形的雕琢上更加细致，与红山文化玉器相比，良渚文化玉器更富于变化，不仅有重圈和单圈之分，还有棱形、耳朵形、卷云形、短直线形等多种不同类型的眼眶。

⑧良渚文化的玉器抛光技术先进，所以良渚文化玉器大多平整光滑，具有玻璃状光泽。

8. 良渚文化玉器的鉴定

同红山文化玉器一样，良渚文化玉器在当前的玉器市场上也有诸多仿品，因此要想从中购买到真品是非常困难的。据相关专家的考证，良渚文化玉器的作伪历史悠久，从宋代就已经开始了，明清时期最盛。但是这类仿制品大多粗制滥造，在造型、颜色，甚至工艺风格上漏洞百出，很容易辨别。但是随着科技的不断进步，良渚文化玉器的仿制技术越来越先进，制造的伪品在工艺、造型等方面几可乱真。这个时候，玉器收藏的初学者就很难辨别了。但这种仿制品在选料和制作工具方面，因为玉真品存在较大差异，所以伪品在颜色、光泽度甚至透明度上与真品存在一定的差异，只要细心辨认，还是可以辨别出来的。

目前鉴别良渚文化玉器真伪最好的方法就是科学手段与目测方法相结合。先运用自身具备的相关知识，从玉器的质地、造型、雕刻风格和时代特征等方面，对玉器进行细致的查看，通常来说，真正的良渚文化玉器大多质地细腻自然、表面平整光滑、轮廓分明、具有玻璃光泽，并且具有丰富多彩的纹饰。当然，所有这些特征都因为时间的打磨，而显出自然天成的浑厚，这是仿制品没办法做到的。

良渚文化 素面玉璧

107

三、其他文化时期的玉器

1. 仰韶文化玉器

　　仰韶文化主要分布在黄河中下游地区，距今 7000~5000 年，因最先发现于河南渑池县仰韶村而得名。出土的玉器种类有玉珠、玉坠、玉镯、玉管、玉璜、玉笄、鱼形饰物、玉斧以及玉刮器等，玉材多为绿色玉和绿松石。

2. 大汶口文化玉器

　　大汶口文化主要分布在山东南部地区，距今约 6300~4500 年，因于 1959 年首次发现于山东宁阳堡头村和泰安大汶口一带而得名。出土的玉器种类有玉环、玉指环、玉耳坠、玉刀、玉斧、玉铲等，玉材多选用蛇纹石玉和绿松石。

大汶口　玉斧

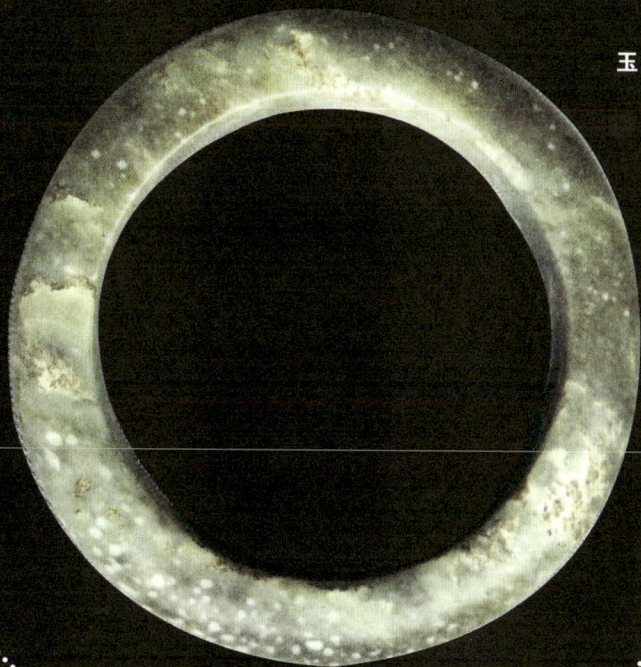

大汶口　玉臂镯

3. 河姆渡文化玉器

　　河姆渡文化主要分布于长江下游地区，距今约 7000~5000 年，因于 1973 年首次发现于浙江余姚河姆渡村而得名。出土的玉器种类主要有玉璜、玉铲、玉环、玉管、玉珠、玉镯、玉坠等。玉材多选用当地出产的蛇纹石玉、碧玉、萤石、水晶和绿松石。

4. 青莲岗文化玉器

　　青莲岗文化主要分布于淮河下游地区，距今约 5400~4400 年，因于 1951 年首次发现于江苏淮安县青莲岗而得名。出土的玉器种类主要有玉琮、玉璜、玉珠、玉指环、玉管等，玉材多选用当地出产的蛇纹石玉、青色玉、白色玉和玛瑙。

5. 大溪文化玉器

　　大溪文化主要分布于四川东部地区，距今约 6400~5300 年，出土的玉器种类主要有玉环、玉刀、玉璜等，这些玉器大多质地温润光滑、造型精美。

6. 凌家滩文化玉器

　　凌家滩文化主要分布于安徽东部地区，距今约 5600~5300 年，因于 1985 年首次发现于安徽省巢湖市凌家滩自然村而得名。出土的玉器种类主要有玉钺、玉铲、玉斧、玉戈、玉龙、玉龟、玉鹰、玉璧、玉镯、玉管、玉璜、耳珰、玉扣、玉冠状饰、玉喇叭形饰等。玉料多选用当地出产的蛇纹石玉、石英岩玉、玛瑙、水晶等。

凌家滩文化　玉龙

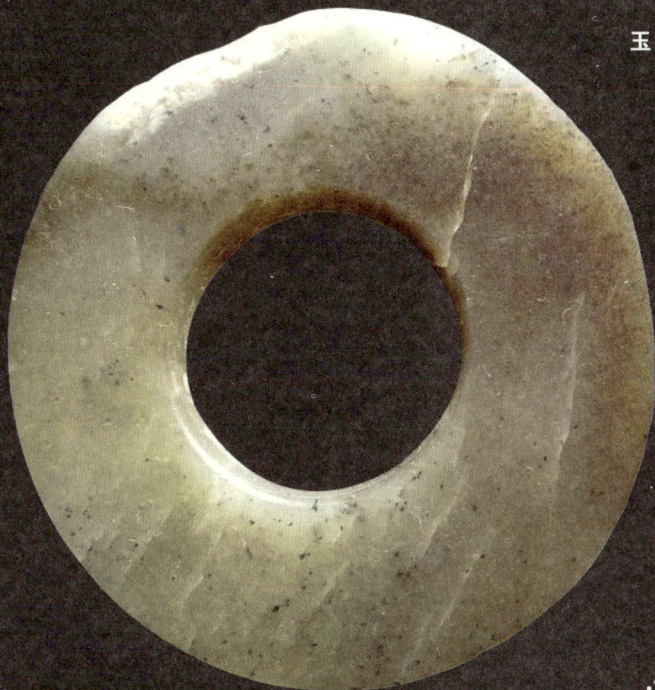

7. 龙山文化玉器

　　龙山文化主要分布于黄河中下游地区，是大汶口文化的继续。距今 4600~4000 年，出土的玉器主要有玉璧、玉环、玉刀、玉斧、玉铲、玉琮、玉璜、玉牙璜、玉圭、玉镯、玉梳、玉坠、动物形象的玉雕等，玉材多选用当地出产的蛇纹石玉、青玉、蛋白石和绿松石。

8. 屈家岭文化玉器

屈家岭文化主要分布于江汉平原，距今5300~4700年，因首次发现于湖北京山屈家岭而得名。出土的玉器种类主要有玉坠、玉珠、玉镯、玉刀、玉璜等，玉材多选用当地出产的碧玉、玛瑙等。

9. 齐家文化玉器

齐家文化主要分布于甘肃西部和青海东部地区，距今4200~3500年。出土的玉器主要有玉珠、玉璜、玉璧、玉铲等，玉材多选用当地出产的玛瑙、绿松石等。

齐家文化　青绿玉锛

10. 石家河文化玉器

石家河文化主要分布于长江中游地区，属于长江流域文化。距今 4600~4000 年，因首次发现于湖北天门石家河而得名。出土的玉器主要有玉鹰、玉人首和玉鹿首等。

兴隆洼文化　小玉玦一对

中国玉器的历史知识 >>>

玉礼器是何时出现的？

根据相关专家的考证，我国历史上最早的玉制礼器产生于新石器时代晚期，是从玉制兵器、玉制装饰品和玉制明器中发展而来的。

11. 二里头文化玉器

二里头文化主要分布于中原地区，属于后来的夏文化。因首次发现于河南偃师二里头而得名。距今约有 3800~3500 年，出土的玉器主要有玉斧、玉刀、玉铲、玉璜、玉戈、玉圭、玉琮、玉镯、玉坠等，玉材多为河南独山玉。

12. 二里岗文化玉器

二里岗文化发源于商代早期，主要分布在今天的河北南部和河南北部地区，因首次发现于河南郑州二里岗而得名。距今约有 3700~2700 年，出土的玉器主要有玉璧、玉笄、玉璜，以及大量的玉兵器。

二里头文化　兽面纹青玉钺

夏商周时期的玉器

随着夏商周时期的到来，中国进入了青铜器时代。这一时期，随着青铜器的普及利用，玉器逐渐脱离生产和生活工具领域，而成为权力和财富的象征。当然，玉器的审美价值也越来越多地被人们重视起来，所以三代玉器又常常作为礼器，用于殿堂或者圣庙的环境装饰。这一时期，玉器经过改进和提升，不仅种类更加丰富，而且制作工艺更加完善，这些玉器常常将局部夸大，不再追求形似，而是讲求神韵，所以这一时期的玉器更多地富于象征主义意味，表现出一种神圣、自然的风格。

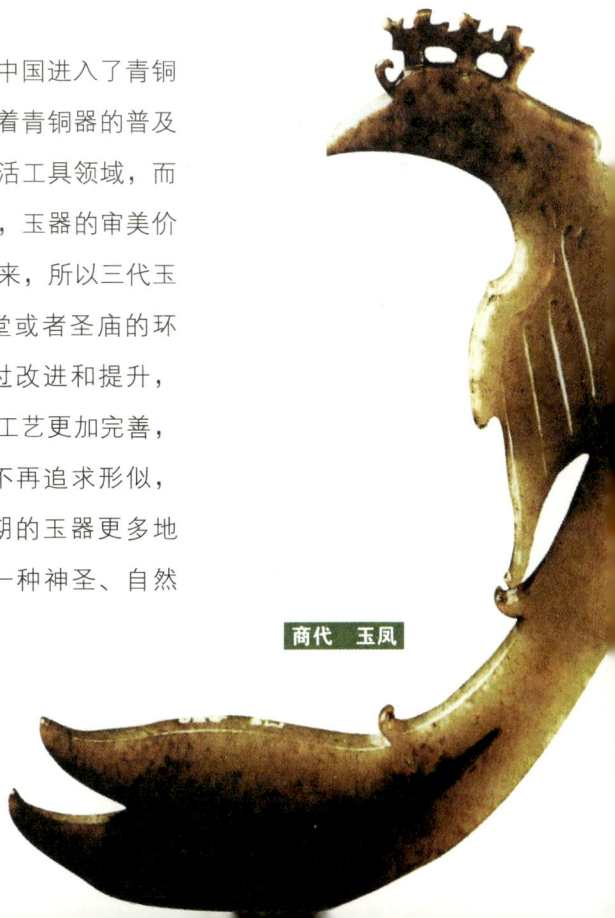

商代 玉凤

一、夏代玉器

　　夏代是我国第一个阶级社会，以往因为考古学上相关实物的缺乏，所以这个朝代存在与否，一直备受争议。但是近些年来，随着历史学上的相关研究，夏代文化正一步步展现在世人面前。

夏代　蝌蚪文印

夏代　玉钺

夏代　玉戚

夏代时期，玉器正在从生产和生活实用工具领域脱离出来，从而变成纯粹意义上的礼器和装饰物。夏代玉器的风格应当是红山文化和良渚文化向殷商时代过渡的阶段，其中最具代表性的当属二里头文化玉器。主要的玉器种类有玉斧、玉刀、玉铲、玉璜、玉戈、玉戚、玉钺、玉圭、玉琮、玉镯、玉坠等，其中最具代表性的是玉刀、玉钺和玉璜。这一时期出土的玉刀多有孔洞，并且多用双线在玉体上进行雕刻勾勒，这种纹饰风格后来被商代玉器更多地继承下来。这一时期出土的玉钺相比于新石器时代，在造型上更加复杂，并且多有孔洞，但是没有纹饰，多呈素面的扁平状。这一时期出土的玉璜，大多通体光滑、两面磨刃，并且在器身和柄的一侧各有一个空洞，并且多用浮雕纹饰进行勾勒。这一时期，玉璜主要作为一种礼器，用于宗教活动中，所以大多质地细腻、做工精美。

二、商代玉器

　　商代是青铜器时代的鼎盛时期，从现今考古学出土的文物来看，这一时期不仅有大量的青铜器，还有种类丰富、数量繁多的玉器。商代玉器是在二里岗文化玉器的基础上发展而来的，这一时期，玉器制造行业逐渐从石器制造行业中脱离出来，成为独立的制作门类。在中国玉器的发展史上，商代玉器占有重要地位，不仅数量众多，而且种类丰富，制作工艺也已经达到了前所未有的高超水平，具有很大的研究空间。以下对于商代玉器的特征进行具体论述。

商代　白玉龙纹璧

商代　领璧

殷商的妇好墓

妇好生前是商王倍加宠幸的女人，所以她的墓葬非常丰厚。虽然占地面积只有 20 多平方米，但是考古学家却从中挖掘出 700 多件品质优良的玉器。这些玉器主要是妇好生前用过的玉制装饰品，当然还包括少量的玉制礼器和玉制工具等。

1. 数量庞大

现今考古学出土的商代文物已经超过 1200 件，这其中最为著名的要属于 1976 年发掘的安阳妇好墓，因为考古学家从这一商代墓穴之中，不仅挖掘出了大量的青铜器，还发现了 755 件玉器。这 700 多件玉器按照用途可分为仪仗、礼器、装饰、工具、艺术品和杂品 6 类。不仅如此，这些玉器中，还有红山文化时期的玉器，充分说明在商代，收藏玩赏古玉的风尚已经存在。妇好墓出土的玉器代表了商代晚期的玉器风格。但是商代早期的玉器目前出土甚少，从目前发现的为数不多的商代早期玉器中，我们发现，这些玉器大多质地粗糙，工艺也很质朴。

商代　青白玉神人纹玉圭

商代　黑玉

　　从整体上看，商代玉器中数量最多的有玉制工具，比如玉斧、玉铲、玉凿、玉刀、玉锥、玉锯、玉锛、玉钺、玉纺轮及玉制小刻刀等，这些玉器大多并非实用器具，仅作象征之物；玉制礼器，比如玉璧、玉琮、玉瑗、玉璜、玉钺、玉圭、玉环、玉簋、玉盘等。除此之外，还有大量的玉制饰物，比如玉龟、玉鱼、玉鸟、玉牛、玉龙等。在这众多的玉器之中，最值得一提的就是玉璜，这一时期，玉璜已经成为一种非常普及的装饰物被人们随身佩戴，这种玉不仅纹饰多样，而且造型更是千差万别，有鸟形璜、人形璜、鱼形璜、兽形璜等，是身份和地位的象征。

2. 玉料丰富

　　商代玉器所选取的玉料整体上遵循就地取材的风格，但因为受到政治上的朝贡制度以及交通运输条件的影响，所以殷商玉器在玉料上具有更大的选择余地，比较常见的玉料有岫岩玉、玛瑙、水晶、绿松石等，这一时期，新疆和田玉也走进了人们的视线，所以和田玉制作的玉器的数量也很可观，但是还没有成为主流玉料。

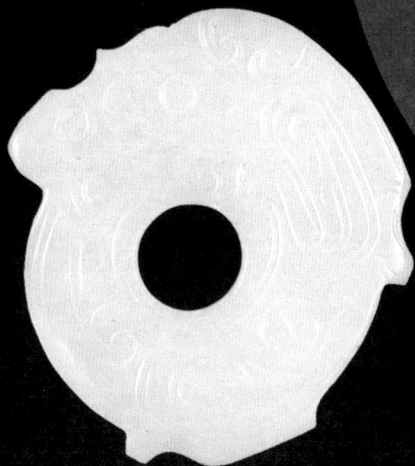

商代　青白玉蜷龙佩

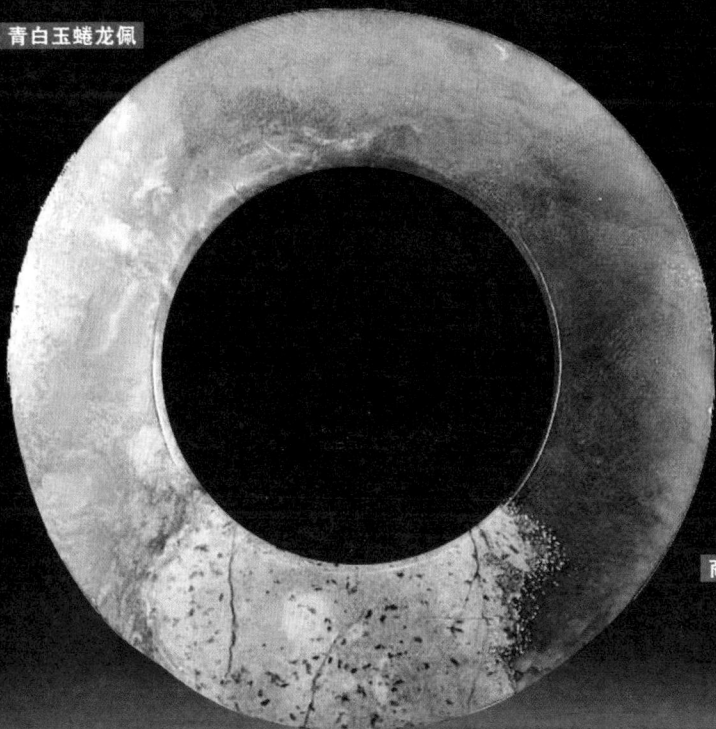

商代　青玉索环

3. 造型多有创新

商代玉器中，有大量的动物和人物形象的玉雕，这些玉器在造型上多有革新，它们大多突破了传统玉器中的几何形状，多为板状体、圆柱体等，并且多用双线浮雕的手法，对玉器进行简单勾勒，在追求神韵的同时，并不注重形似，从而使玉器带有某种象征意味。

商代　白玉人

商代　拱手玉人

4. 工艺高超

商代玉器制作较前代工艺更加精进，并多有创新，除了能对诸如阴线雕刻、圆雕、浮雕、透雕等技巧进行熟练运用之外，还创造出前所未有的俏色玉器。从现今出土的商代玉器来看，采用圆雕技术制作的玉器数量众多，这类玉器大多运用双勾线，在器物上雕刻出富有立体感的纹饰，风格独特。

中国玉器的历史知识 >>>

商代玉器的贵族化倾向

商代玉器已经打破了"玉是石之美者"的观念，目前出土的商代玉器，都是品质优良的玉材制作而成的，这说明，在商代，玉器已经不再是普通百姓生活中的常见之物，而成为王侯贵族财富和地位的象征，也就是说我国的玉器从商代开始有了贵族化的倾向。

商代 面纹黄玉佩

商代　白玉神人佩

商代　青白玉虎食人摆件

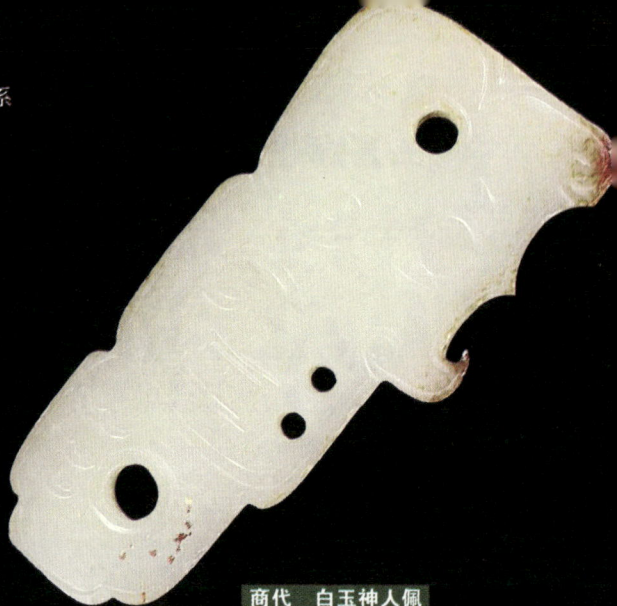

商代　白玉龙形佩

三、西周时期的玉器

　　西周时期，随着青铜器的日益普及，玉器已经不能再像新石器时代的玉器那样在生产生活领域占有主导地位，但是这一时期，玉器在装饰、祭祀和丧葬等方面还起着非常重要的作用。这一时期的玉器，多用青玉、岫玉、白玉、碧玉以及水晶、玛瑙和绿松石制作而成，玉材丰富。制玉工具也从石制砣机进化为青铜砣机，这也使得西周玉器的时代风格趋于统一。这一时期是玉制礼器的鼎盛时代，中国历史上出现的各种玉制礼器，在这一时期都有出现：玉璜、玉璧、玉龙、玉猪、玉牛、玉鸟等。西周建立了非常完备的礼仪制度，在当时的上层社会，赠送玉器是上层社会风行的礼仪。因为在当时看来，玉器不仅美观大方，而且颇具神圣之感。

西周　白玉鸟形佩

西周　白玉龙凤形佩

125

西周　白玉人龙共体佩

西周时期，装饰类玉器种类更加丰富，并在制作工艺上多有创新，其中最具代表性的就是玉佩。这一时期，人们佩戴的最主要是玉璜，当时的玉璜多以璜为主件，并以珠管做装饰。在当时的上层社会，已经有了"君子比德于玉"的说法，所以，在当时的上层社会，佩戴玉璜之风甚兴。以下对于西周时期的玉器作具体介绍。

西周　龙纹玉玦

1. 数量及品种

从目前考古学出土的西周时期的玉器来看，西周早期的玉器数量较少，但是这些为数不多的玉器留有殷商晚期玉器的某些特征。至于西周后期出土的玉器，不仅数量众多、种类丰富，而且分布非常广泛，足见西周全盛时期的地大物博。在众多的西周玉器中，不仅有前代出现过的玉种，还创造出许多新的种类，比如凤鸟形玉佩、串式项链、蝉形玉饰等。

2. 纹饰风格

　　较之于商代玉器纹饰风格的多样化，这一时期
玉器的纹饰风格因为制玉工具的改进而有趋于统一的
趋势。这一时期玉器的纹饰风格追求形似，注重写实，
最为常见的纹饰有鸟纹、凤鸟纹、鱼纹、云纹、谷纹、
雷纹、夔龙纹、虺纹、饕餮纹等。

西周　青白玉玉饰

西周 凤凰佩

3. 造型风格

这一时期的玉器受到西周宗法礼仪制度的约束，在造型风格上多显得呆板规矩，没有商代玉器的活泼丰富。在形制上大多壁薄而体大、精致规整、温润光滑，表现出作为礼器的神圣感。

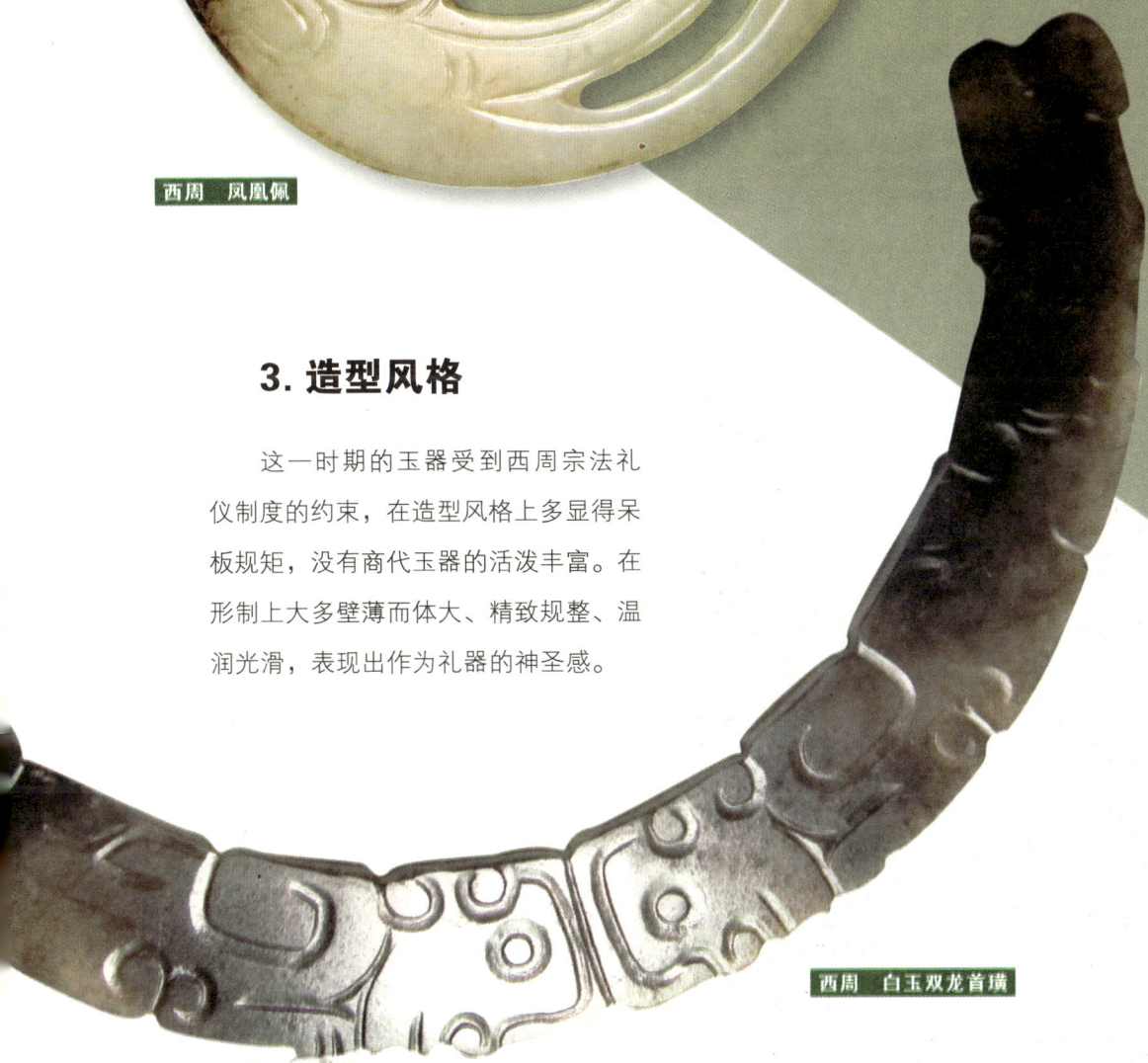

西周 白玉双龙首璜

西周　青白玉神兽形佩

西周　白玉兽形佩

4. 雕刻手法

西周时期的玉器雕刻工艺，除了继承商代许多先进的制玉技术之外，还独创出斜刻技术，即用深浅不一、略微倾斜的阴线进行雕刻。这种手法多出现在鸟形玉刀和兽面形玉饰物上。除此之外，还较多地运用了镂空技术和平面浮雕技术。这些技术的运用不仅反映出当时玉器制作工艺的精进，还显示了人们审美情趣的变化。

四、春秋时期的玉器

　　春秋时期，随着周王室的日渐衰微，各地的诸侯热衷于礼仪上的僭越活动，这也促进了青铜器和玉器的生产。这一时期，玉器依然是十分神圣的礼器，但是因为诸侯割据，除东周王室玉器之外，还有春秋的郑、晋、齐、吴等以及战国的韩、魏、赵、鲁、楚、秦等诸侯国也在大量进行玉器的加工和制作，并且各地出产的玉器在纹饰、造型、工艺等方面多有不同。有的温婉细腻，有的豪放粗犷。质地细腻，工艺精良，是各地出产的玉器的共同特点。这一时期也是中国用玉史上又一个高峰。以下作具体论述。

春秋　白玉手镯

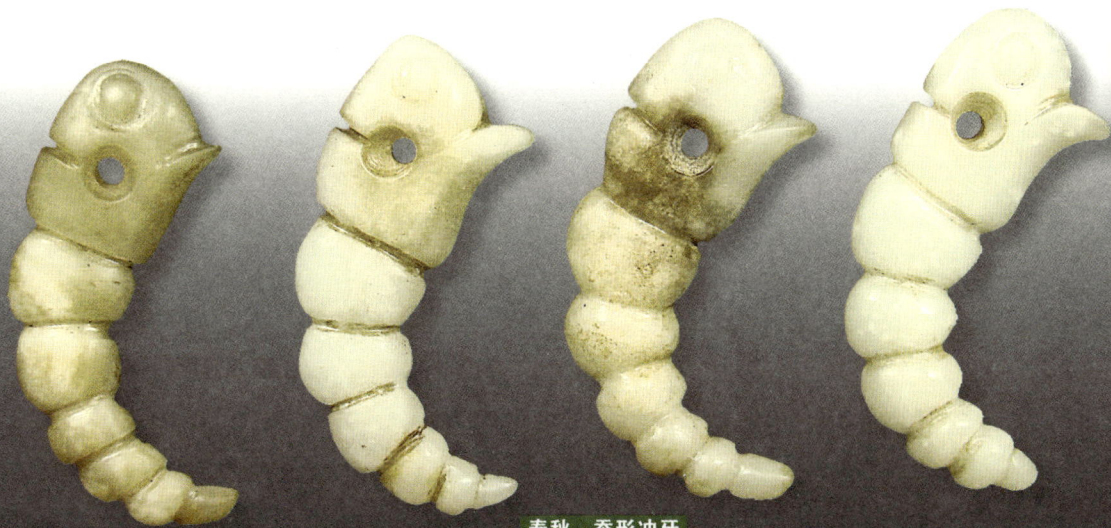

春秋　蚕形冲牙

春秋 离虎勾云纹三联环

1. 品种

　　从现今出土的春秋时期的玉器来看，这一时期的玉制礼器，比如玉璧、玉璜等，数量并不多，而玉制饰物的数量则占有很大的比重，玉制饰物中最为常见的就是片状的玉佩。

　　从中可以看出西周时期佩玉之风的延续，除此之外，这一时期还出现了一些新的玉器种类，比如玉带钩和玉剑饰。

春秋 玉琥

2. 玉质

春秋时期，随着新疆和田玉大量地流入中原，和田玉已经成为当时最主要的玉料，并且随着这一时期的百家争鸣，和田玉也被赋予了丰富的文化内涵。

春秋战国　和田青玉云龙纹璜

春秋　和田青玉虎纹玉璜

春秋　鸡骨白饕餮纹玉佩

3. 纹饰

从现今考古学出土的玉器来看，春秋早期的玉器制作工艺是在西周玉器制作工艺基础上的强化。比如西周玉器多用双线雕刻纹饰，春秋时期则将细密的双线和阴刻技术结合起来，创造出形中有形的纹饰风格。

春秋　鸡骨白勾云纹环

春秋战国　和田玉双兽摆件

春秋　玉勾云纹勒

　　到了春秋中期，那种细密的纹饰风格逐渐变得稀疏起来，这一时期的玉器中，多是用浮雕技术雕刻出来的龙纹图案，这也使得这一时期的玉器具有一丝神秘感。

　　到了春秋晚期，玉器上的龙纹纹饰已经很少出现，出现更多的是云纹和谷纹，并且不同于前代的是，这一时期的玉器多将这两种纹饰混合使用。当然，除了这两种纹饰之外，乳丁纹、蒲纹等几何形纹饰也是这一时期玉器上比较常见的纹饰。

春秋　人首蛇身玉饰

4. 工艺

　　春秋时期的玉器是西周玉器的继承和发展。这一时期因为铁制制玉工具的运用，浮雕、透雕、镂雕等玉器制作工艺更加完善。并且不同于前代玉器的简约化和平面化，这一时期的玉器已经表现出繁复化、抽象化的趋势。

五、战国时期的玉器

战国时期，随着玉器文化内涵的不断丰富，上层社会佩玉之风盛行，由于世人对于玉器的喜爱和推崇，这一时期玉器的文化内涵不断完善，甚至在"君子比德于玉"的基础之上，还发展出了"五德""九德""十一德"的说法。丰富的文化内涵，是战国时期玉器兴盛的重要原因。

1. 玉质

战国时期的玉器多选用和田玉制成，质地温润光滑，晶莹剔透，颜色以白色为主，兼有青白和灰白等色。

战国 玉器

2. 种类

相比春秋时期的玉器，战国时期的玉器种类更加丰富，从现今出土的玉器来看，战国时期的玉器多为礼器（比如玉璧、玉璜、玉琮等）和装饰品（比如玉璜、玉镯、玉珠、玉坠等）。此外还兼有一些实用性玉器（比如玉刀、玉戈等玉兵器）和新创造的玉种（比如玉带钩、玉剑饰、玉灯座、玉印玺等）。这一时期的玉器不仅种类丰富，而且数量众多。

战国　玉璧

战国　出廓龙纹玉璧

战国　青玉土浸小兔

3.造型

　　战国时期的玉器，较之前代玉器，造型更加舒展。这其中最具代表性的就是各种动物形象的玉器，这些玉器多呈 S 形或者 C 形，不仅刻画逼真，风格写实，而且造型活泼，带有一种自信满满的气势。

4. 纹饰

战国时期玉器的纹饰风格多样，比较常见的纹饰有雷纹、云纹、谷纹、网纹、蒲纹、涡纹、龙凤纹、螭虎纹等。并且在一件玉器上往往同时兼有多种纹饰图案，这些纹饰多用细密的阴线雕刻而成，时隐时现，风格多变。

战国　秦式玉虎形佩

战国　玉龙佩

战国　九龙谷纹出廓璧

5. 风格

战国时期的玉器风格经历了多次变迁，一直到战国中晚期才形成了比较固定的特色。不仅选料严谨，做工精美，而且造型规整，纹饰风格渐趋统一。

这一时期的玉器不仅充分完美地运用了透雕、浮雕、阴线雕刻等工艺技术，而且还能巧妙地运用镂空、圆雕等工艺。这些技术的灵活运用，使得这一时期的玉器精致完美，其精细程度在我国的玉器史上都是十分罕见的。

战国　大型犀牛佩

战国 玉谷文环

6. 用途

　　战国时期，玉器的使用范围进一步扩大。这一时期，玉器不仅用于祭祀、装饰和丧葬方面，还成为国家最高统治者专用的生活器物。除此之外，还出现了祭玉和玉具剑。

7. 工艺

　　战国时期的玉器制作工艺更加精湛，多以浮雕、镂空等技法的熟练运用，构思的巧妙和造型的独特见长。并且较之前代一味追求古拙质朴的风格不同，这一时期的玉器更加重视制作工艺上的精致细腻。这一时期玉器的制作工艺往往非常精细，在一件玉器作品上，甚至同时用到了阴刻、镂空、浮雕、抛光等技术，当然这与铁制工具的普及是有很大关系的。战国时期的抛光技术非常独特，是前代乃至后代的抛光技术所不及的，那些经过抛光的玉器，即使在地下埋藏了两千多年，但是出土的时候依然光洁晶莹，有"玻璃光"的美誉。

战国　谷纹出廓龙璧

8. 器形

从目前出土的玉器来看，战国时期的玉器不仅种类丰富，而且数量众多。战国早期的玉器多带有春秋晚期的风格特征，主要是玉佩、玉带钩、玉耳环和玉璜等。到了战国中后期，随着玉器制作工艺的不断精进，玉器的种类更加丰富，这一时期最为常见的玉器有玉璧、玉璜、玉琮以及各种动物形象的玉饰物等，这些玉器大多质地细腻，造型完美。

战国　青白玉钟形佩

战国　龙凤玉佩

145

战国 玉器

秦汉魏晋时期的玉器

第五章

在秦汉魏晋时期的众多玉器中，以汉代玉器最为著名。秦代的陶器制造行业虽然发达，但是到目前为止出土的玉器数量却不多。至于魏晋时期，因为常年处于战乱之中，所以玉器的制作工艺水准也很有限。只有汉代，国家统一，国力强盛，玉器生产行业兴盛，不仅质地优良，而且工艺高超。

从现今考古出土的众多玉器来看，这一时期的玉器，最常见的是不同种类的装饰性玉器，而玉制礼器数量并不多。并且较之前代玉器的精雕细琢，这一时期的玉器风格更趋向于粗犷豪放、雄浑有力。到了魏晋时期，随着佛教传入我国，还出现了大量的玉制佛像、玉如意等。总之，这一时期，不论从数量还是从种类上来说，玉器的使用都更加普及。

汉朝 玉避邪

一、秦代玉器

　　秦朝是我国历史上第一个中央集权的封建国家，但仅有15年的历史，虽然历史短暂，却创造了辉煌灿烂的文化。目前出土的秦代玉器数量极为有限，但从这些为数不多的秦代玉器中，我们还是可以看出它们在造型风格、工艺水准、纹饰风格等方面，与前代玉器存在巨大差异。因为目前尚缺乏具有代表性的秦代玉器出土，所以有关秦代玉器的研究还有待进一步的探索。

秦代　和田玉

秦代 玉琥

秦代 玉龟

在为数不多的秦代玉器中，最有名的当属和氏璧了，这块玉曾经辗转多个诸侯国，最后落入秦始皇的手中，在秦统一全国之后，他命令当时秦国著名的雕刻大师孙寿将和氏璧雕刻成历史上有名的传国玉玺，这件玉玺4寸见方，上面雕有螭虎形象，并在玉玺上刻有李斯撰写的"受命于天，既寿永昌"字样。这件玉器在中国历史上极为有名，从秦始皇，到汉代吕后，再到三国时期的孙坚，一直流传着这块玉玺的美名，直到唐代，才因为战乱而遗失。除此之外，考古学家还发现了一些秦代玉器，这些玉器依据用途可以分为玉雕像、玉器皿和玉礼器三类。其中玉雕像是在秦始皇陵兵马俑的发掘过程中出土的，这些玉制雕像和秦始皇陵兵马俑一样大小，做工虽然不甚精致，但是依旧可以反映出秦人特有的服饰和发型特征，是研究秦代玉器的珍贵实物。玉器皿主要有玉剑饰、玉樽和玉高脚杯等，这些玉器大多质地细腻，品质优良，是上乘的玉器作品。至于玉礼器，主要就是秦代的"六瑞"——玉璧、玉琮、玉圭、玉琥、玉璋和玉璜6种玉器。在"六瑞"之中，最引人注目的就是玉琥了，玉琥形象生动，造型和真虎相似，同其他"六瑞"几何状的造型有很大区别。总而言之，秦代玉器虽然不多，但是每一件都独具特色，这也与秦代独特的精神文化相联系。

　　在秦国的精神文化中，不仅有中原礼仪文化的因素，还残存着原始的山戎文化因素，当然随着时代的发展，秦国经过商鞅变法，逐渐富强起来，但是正是因为法家思想的影响，秦国的功利主义兴盛起来。所以，秦代玉器割断了与前代玉器制作工艺的联系，显示出自己独特的风格特征，那就是在保持玉器审美价值的同时，还力求玉器能够实用，这也造成了中国传统的玉器制作工艺的断代。所幸，秦代历时不长，很快被汉取代，汉人在总结秦代玉器制作经验的基础上，重拾夏、商、周三代的治玉观念，从而使我国的玉器艺术获得了空前的发展。

秦代　玉璧

汉代"六玺"

　　秦代制作的传国玉玺一直受到历代统治者的重视，被看作是国之重器。但是根据汉代史料的记载，除了秦代传下来的传国玉玺之外，汉代皇帝还有"六玺"，它们分别是皇帝之玺、皇帝行玺、皇帝信玺、天子信玺、天子行玺和天子之玺。

二、汉代玉器

　　汉朝是中国历史上历时最长的中央集权制国家。强盛的国力促进了手工业的快速发展，这一时期的玉器达到了中国玉器的最高水平，同时这个时期也是中国玉器发展史上的一个转折期，一个去旧迎新的黄金时代。这一时期，因为玉本身所带有的儒家文化思想契合了汉代统治者以儒治国的统治思想，所以玉器制作受到统治者的重视。这一时期的玉器种类丰富，但是相当数量的玉器都是装饰性玉器，玉制工具已经非常少见，玉制礼器的数量也并不太多，当然这和汉代时铁骑的普及有很大关系。这一时期，随着张骞出使西域、丝绸之路首次开通，大量品质优良的新疆和田玉源源不断地输入中原地区，改变了前代就地选取玉材的规律，和田玉也因为细腻温润的质地，成为这一时期玉器制作中最主要的玉料。这也从整体上提高了中国玉器的品质。与秦代玉器不同，汉代玉器继承了春秋战国时期玉器的优点，不仅种类丰富，数量众多，而且还能熟练地运用各种玉器制作工艺，在玉器上雕刻各种具有写实风格的纹饰图案，从而使玉器形神完美地融合在一起。

　　总而言之，两汉玉器是对于春秋战国时期玉器艺术的一次继承和突破，这一时期出现的众多精美绝伦的玉器是后世玉器生产的典范。以下作具体介绍。

汉代　玉璧

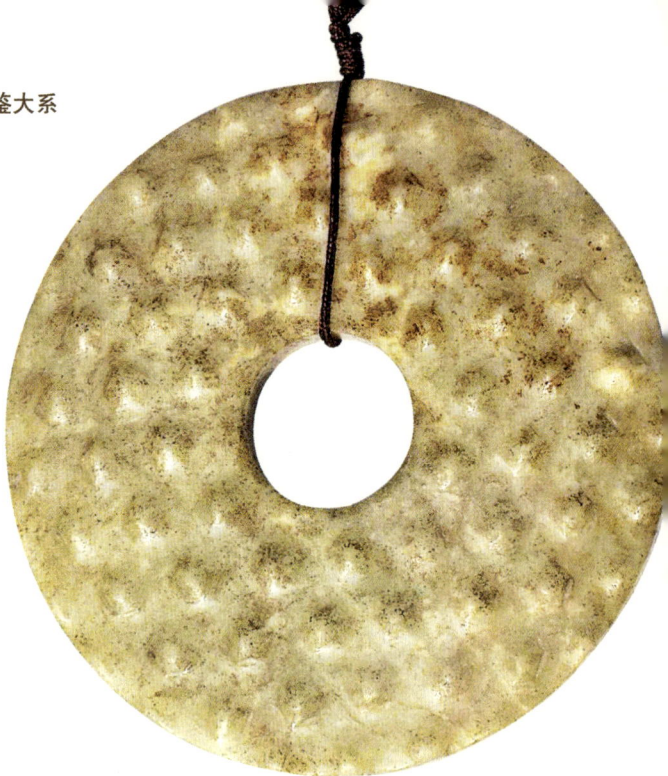

1. 汉代玉器的种类

从现今出土的玉器文物来看，汉代玉器不仅数量众多，而且种类丰富，最为常见的种类有玉衣、玉枕、玉握、玉剑饰、玉带钩、玉玺印、玉避邪、玉手杖以及大量的动物和人物形象的玉雕，以及用于墓葬的玉明器。这些玉器按照用途，可以分为以下4类。

礼玉

较之前代，许多常见的玉制礼器在这一时期都消失不见了，比如玉璜、玉刀、玉戈、玉斧、玉铲等，还有一些玉器种类虽然存在，但是在造型风格上已与前代玉器大相径庭，比如玉璧、玉璜等。但总体来说，在汉代玉器中，玉衣礼器的数量已经不是很多，主要的种类有玉璧、玉玺、玉圭、玉琥和玉璜。

汉代　玉璧

装饰玉

　　装饰玉又可以分为佩戴在身上的玉饰和器物上的玉饰两类。其中佩戴在身上的玉饰主要有玉环、玉琥、玉璜、玉珑、玉带钩、玉簪、玉刚卯和玉舞人等，这些饰物大多质地细腻，造型优美，是非常漂亮的装饰品。而最为常见的器物上的玉饰有玉刚卯、玉套环、玉司南佩、玉铺首、玉翁仲和玉避邪等。至于前代较为常见的玉坠、玉管、玉珠等装饰性玉器，在这一时期已基本绝迹。

汉代　玉辅首

汉代 女玉人

陈设玉

陈设玉是指那些用于陈设或实用类玉器。这类玉器也是最能反映汉代玉器制作水平的，主要的玉器种类有玉高足杯、玉樽、玉座屏以及各种动物形象的玉雕等。

汉代 男玉人

玉明器

汉代的统治者认为玉不仅可以避邪，还能起到防腐的效果，所以经常将玉用于尸体之中。随着时代的发展，发展出一系列的玉制明器，这类玉器不仅种类丰富，而且用途极为广泛，最为常见的种类有：

（1）玉衣

所谓玉衣就是用金银丝将玉片连接起来，像布料一样做成衣服，因此又称"金缕玉衣"。主要分为鞋子、裤管、手套、袖子、上身和头罩6个部分。因死者身份和地位的不同而有不同的形制。

（2）玉塞

玉塞又名九窍塞，是用于堵住尸体的眼、耳、鼻、口等九窍，以防体内"精气"流出的玉器。

（3）玉握

玉握是供死人握在手中的玉器。因时代不同而有不同的造型。西汉初期的玉握多呈无孔的璜形，而东汉时期的玉握则多为豚形，所以玉握又名玉握猪。

（4）玉琀

玉琀是放到死者口中起到防腐和避邪作用的玉器，造型以蝉形为主。

总体而言，这类玉制明器的工艺水平并不太高，经典之作更是凤毛麟角。

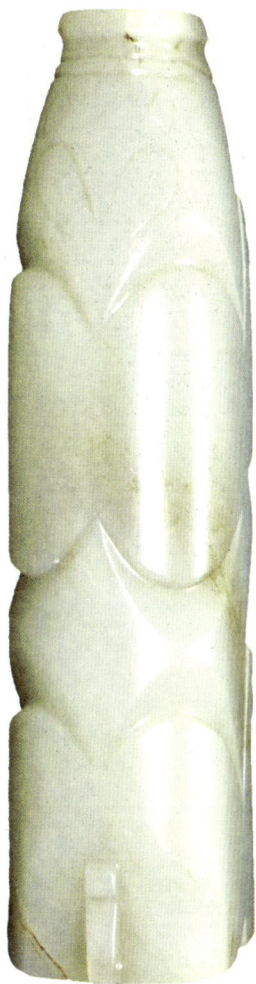

汉代　白玉握猪

汉代　肛门塞

汉代　和田玉出廓璧

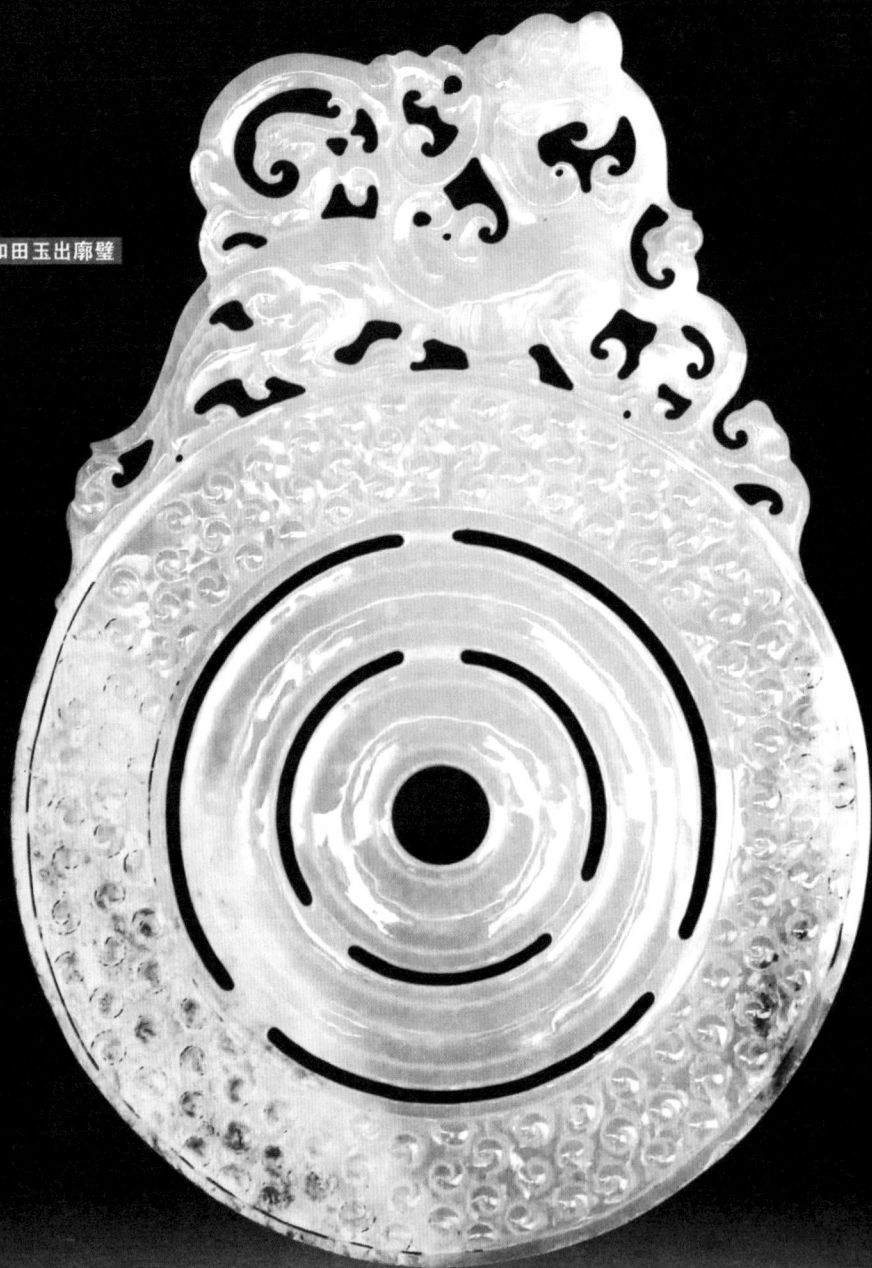

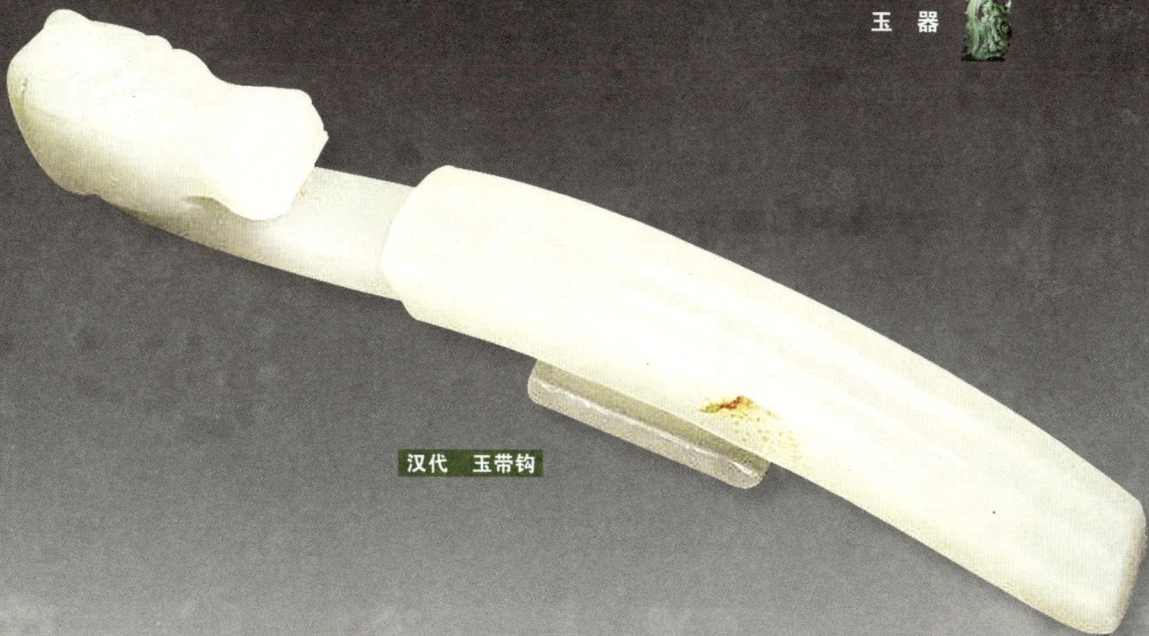

汉代　玉带钩

2. 汉代玉器的工艺

如前所述，汉代因为丝绸之路的开通，大量品质优良的和田玉输入中原地区。高品质的玉料，再加上高超的治玉技术，成就了汉代玉器的精致。这一时期的玉器不仅代表了汉代玉器艺术的最高水平，也是中国玉器艺术史上的一次飞跃。

汉代玉器很好地继承了前代的玉器艺术，在纹饰风格上多有创新，不仅出现了谷纹、云纹、涡纹以及大量几何形、动物形象的纹饰，还首次出现了饕餮纹和螭虎纹。直至东汉时期，前代流行的阴线刻纹又复苏起来，并且线条纤细如发，苍劲有力。在雕刻手法上，透雕、圆雕、浮雕等雕刻技术更加纯熟，雕刻风格或温婉，或粗犷，千差万别。

汉代　玉舞人龙凤佩

3. 汉代玉器的造型

　　汉代玉器造型丰富，风格多样，不仅有玉奔马、玉龙、玉凤、玉牛等大量动物形象的玉雕，还有大量人物形象的玉器，其中最为著名的就是汉代的舞女形玉佩。这种玉佩多呈扁平的片状，用细密的阴线在白玉上雕刻而成。在玉器的正下方多有孔洞，以利于玉佩的随身佩戴。这种玉器在汉代流行了300多年，因为历时长久，所以造型、纹饰和雕工等方面多有变化。比如西汉初期的舞女形玉佩，多呈长方形，人物表情呆板，姿势生硬，雕刻的线条也很不流畅。而西汉中晚期的舞女形玉佩则打破了呆板的几何形状，完全根据造型的要求加工器形，在雕刻手法上，将阴线雕刻同镂空技术完美结合起来，从而使玉器有生动的立体感。近年研究显示，在汉代，只有身份显贵的王侯贵族才可以佩戴这种玉器，这也从另一方面说明了这类玉器为何大多质地细腻，工艺精湛。

4. 汉代玉器的鉴定

汉代玉器是中国玉器艺术深入发展，并最终走向成熟的时期，所以精品迭出，这也造成了目前的玉器市场上，汉代玉器仿制品的鱼龙混杂。其中汉代玉璧的作伪是最为常见的。通常情况下，汉代玉器多呈圆形，中间有小孔，多用水玉制作，表面多有白斑，质地细腻，雕工较为精细，这种玉器在汉代多用于丧葬之中，放在尸体的背部或者胸前，以起到防腐的效果，所以现今出土的汉代玉璧大多受沁严重。汉玉璧的作伪历史悠久，甚至从明代就开始了，其中清代的仿制品最多。这些仿制品多用青玉和碧玉制成，质地还算细腻，但是这类仿制品与真品之间存在着一个明显的不同，那就是有没有沁色，这也是鉴别汉代玉璧的一个有效方法。

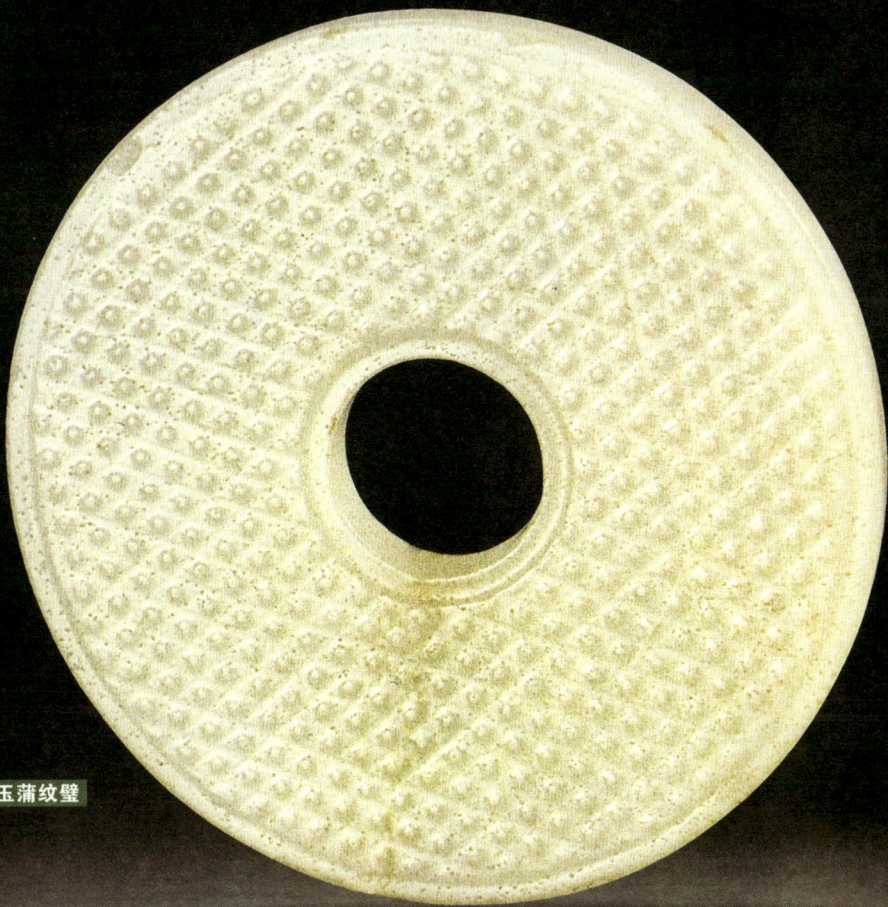

汉代　玉蒲纹璧

三、三国魏晋南北朝时期的玉器

　　三国魏晋南北朝时期，战乱频仍，社会生产受到很大破坏，从根本上制约了这一时期玉器艺术的发展。从现今出土的玉器来看，这一时期的玉器数量非常少，并且从为数不多的玉器作品来看，这一时期的玉器也较多延续了东汉时期玉器的艺术风格，少有创新。当然这也与当时的统治者反对厚葬、提倡薄葬有关。数量较多的玉制佛像也更多带有西域雕像艺术的风格，并且因为儒家思想的衰落，玉器中蕴含的儒家思想也不再被人们重视。所以玉器制作行业也是一落千丈，这也是这一时期的玉器大多形制较小、做工简洁质朴、少有精品的原因。

1. 低谷

　　魏晋时期，战乱频仍，社会动荡，玄学和佛教思想的兴盛，动摇了儒家思想的文化统治地位，绘画和书法艺术的兴起，以及厚葬之风的日渐衰落等多种原因，造成了这一时期玉器艺术的低迷。从整个中国玉器史来看，这一时期是我国传统玉器艺术传承的断裂带，同时也是中国玉器艺术由上古转向中古的过渡时期。

　　从现今出土的玉器来看，这一时期最为常见的玉器就是各种玉制佛像，但是这类玉器更多地带有西域雕像艺术的某些风格。至于装饰类和礼仪类用玉，大多光素古朴，在制作工艺上更多地延续了汉代遗韵，少有创新，但是在继承之中总会孕育出新风格、新手法，这些都为隋唐玉器艺术的再度兴盛奠定了基础。

南北朝　龙纹环

三国　双龙玉圭

2. 风格

　　这一时期的玉器更多延续了东汉时期的玉器艺术风格，比如玉器大多光素，没有纹饰，有纹饰的也多采用直平雕刻刀法。但与此同时，又有所创新，那就是玉器的造型风格由粗简转向了精细，这种风格被唐代玉器更好地继承下来，并最终发展成为粗阴线装饰技术。整体而言，这一时期的玉器艺术崇尚简洁自然，汉代非常常见的玉制礼器和明器，这一时期已经很少见到。至于数量较多的玉制装饰品，也多是模仿前代制作，没有多少创新。

3. 种类

从现今出土的玉器文物上来看，这一时期的玉器种类并不多，在这些为数不多的玉器种类中，最为常见的是玉环、玉印玺、玉带钩、玉珩等，这些玉器按照用途的不同，可以简单归为以下几类。

（1）生活用具类

这类玉器是魏晋时期最具时代特征的一类，主要有玉带钩、玉环、玉印玺等。这些玉器都表现出一种实用性的倾向，比如这一时期的玉带钩，大多形制不大，但是为了更好地悬挂衣服，钩首都比较浑厚。至于前代比较常见的玉璧、玉璜等玉制礼器，这一时期出土的数量已经非常少了。

（2）装饰性用玉

这一时期的装饰性用玉又可以分为剑具装饰玉和衣着装饰玉两种，最为常见的有玉佩、玉管、玉饰片、玉珠、玉猪、玉蝉等，整体造型更多地继承了汉代玉器的风格，但是在用玉和做工等方面却不及前代。

魏晋　九品官员牌饰

魏晋　玉盏

163

（3）陈设性用玉

这一时期的陈设性用玉主要有玉瑞兽、玉避邪等。

（4）宗教性用玉

这一时期，佛教传入中原，并兴盛起来，所以这一时期出现了大量的玉制佛像，这类玉器多用黄花石和曲阳白石制成，在雕刻工艺上更多地带有西域雕刻艺术的色彩。

魏晋 卧羊

魏晋 玉鸟

隋唐时期的玉器

隋唐两大强盛帝国的建立，结束了中国历史上长达 400 多年的分裂和割据，从分裂走向了统一。玉器艺术也由魏晋时期的衰落逐渐兴盛起来。

隋代 马首带钩

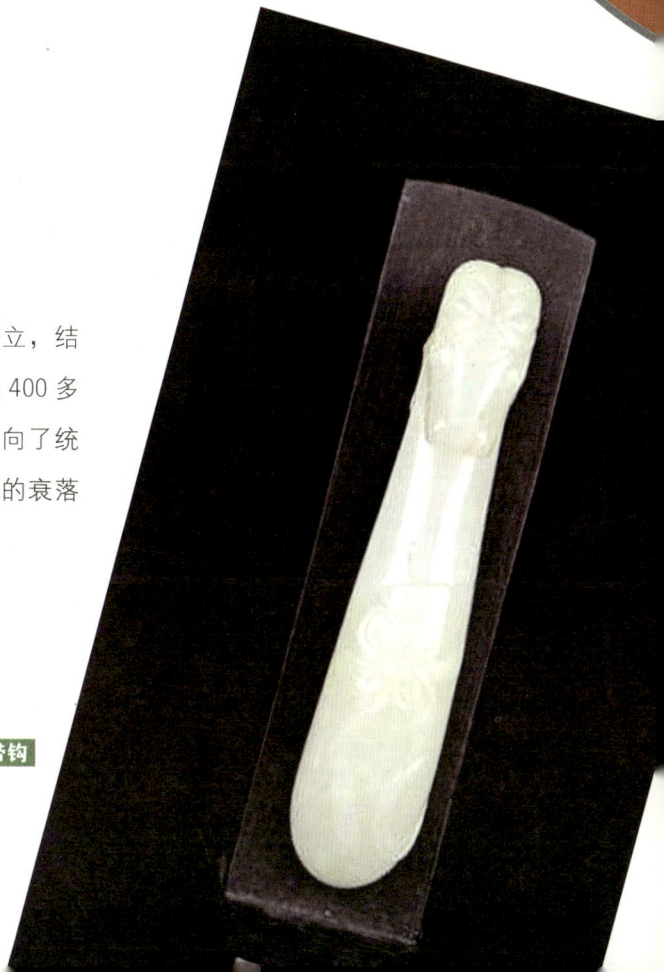

一、隋代玉器

　　隋代历史短暂，只有三十几年的历史，但是它的存在为之后大唐帝国的兴盛奠定了雄厚的基础。

　　目前出土的隋代玉器并不太多，但是从已经出土的隋代玉器中，我们还是能窥见隋代玉器艺术的蛛丝马迹。比如考古学家于1957年在陕西西安李静训墓中发掘出的隋代玉器——镶金边白玉杯，这件玉器呈上粗下细的不规则圆柱状，底部有假圈足，有4.1厘米高，顶端直径为5.6厘米，底部直径为2.9厘米。整件玉器用品质上乘的和田白玉制成，质地温润细腻，晶莹剔透，不论造型还是制作工艺，都堪称精美，从中可以看出隋代玉器艺术的高超。唐代玉器在如此高的基础之上继续发展，最终使唐代玉器艺术达到了中国玉器史上的又一个高峰。

隋代　飞天玉佩

玉 器

隋代　白玉护法兽

隋代　黄玉神兽

167

唐代　三羊开泰摆件

二、唐代玉器

　　唐代玉器在造型、纹饰甚至制作风格上，与魏晋时期的玉器有着明显的不同。一些前代常见的礼仪用玉几乎绝迹，取而代之的是新的礼仪用玉。丧葬用玉也很少出现，佛教玉器、实用玉器、玉摆件开始风行全国。在纹饰风格方面，更是出现了大量的人物、花鸟纹饰，从而使得玉器更加富于世俗生活气息，这些都是前代所不具有的。另外，随着隋唐两代国力的日渐强盛，丝绸之路再次开通，隋唐两代，中国与波斯、印度等国的经济文化往来日益密切，这不仅使得新疆和田玉再次输入中原地区，而且还使得中国玉器受到西域文化的影响。另外，国外商人的来华贸易，也增加了玉器的市场需求，从而刺激了唐代玉器制作行业的繁荣。但是因为唐代佛教兴盛，不仅出现了大量的玉制佛像和玉飞天，还使得厚葬之风不再盛行，所以葬玉之风在这一时期逐渐衰落，这也是唐代玉器出土较少的原因之一。至于唐代晚期和五代十国时期，因为战乱，玉器艺术再次衰落，这一时期的玉器出土更是少之又少。

　　总而言之，虽然唐代玉器出土的不多，但是精品最多。而唐代是我国玉器艺术的大发展时期，达到了中国封建时期玉器艺术的顶峰，这一时期玉器品质的优良和精湛的制作工艺，使得中国玉器从上古时期过渡到了中古时期。以下作具体介绍。

1. 唐代玉器的材质

　　唐代玉器所用的玉材主要是新疆和田玉，这一时期也是新疆和田玉大放异彩的时期，大量的人物、动物玉雕，使得和田玉的晶莹温润充分地体现出来，这些玉雕很好地将玉材美和形象美融合在一起，具有很高的审美艺术性。除此之外，岫玉也是非常常见的玉料之一。随着时代的发展，黄玉、青玉、白玉、墨玉等制作而成的玉器也越来越多地出现在人们的视野中。

唐代　和田玉凤凰

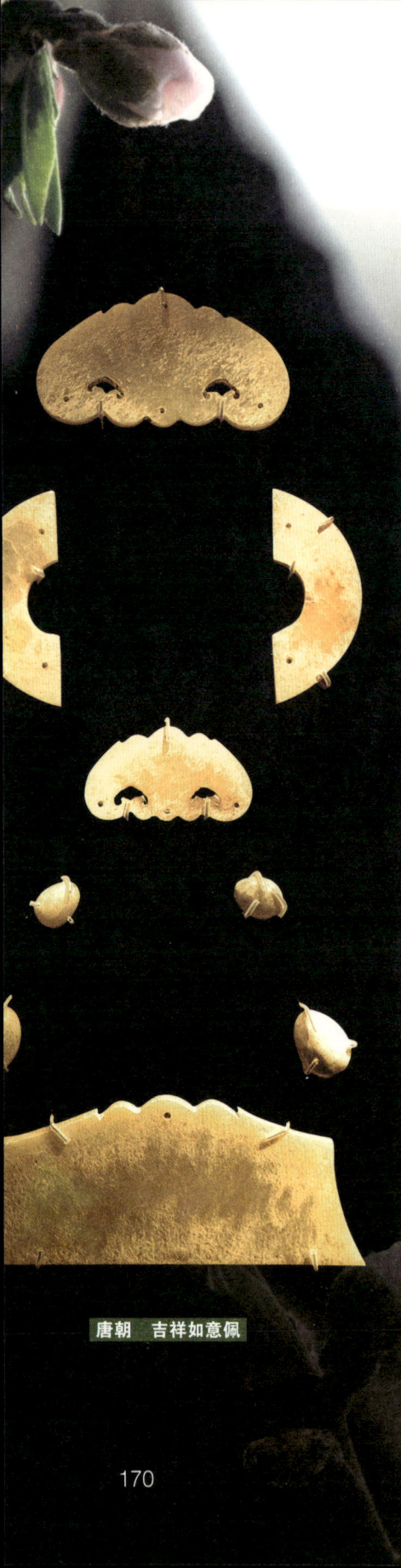

唐朝　吉祥如意佩

2. 唐代玉器的种类

随着时代的发展，到了唐代，一些前代常见的玉器种类已经逐渐退出了历史舞台，比如玉制明器，因为葬玉之风几乎绝迹。另外前代一些常见的玉制礼器也逐渐消失，被一些新的礼仪用玉所取代。

整体而言，唐代玉器种类丰富，这些玉器可以按照用途分为礼仪用玉、宗教用玉和装饰用玉三类。

唐代　白玉猪

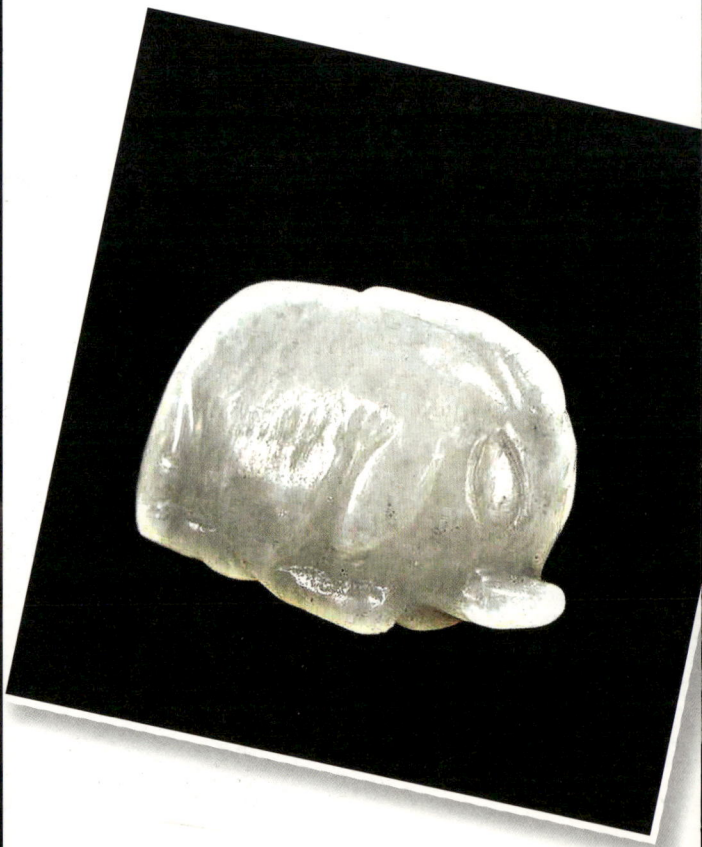

隋朝时期　玉镇

（1）礼仪用玉

到了唐代，一些传统的礼仪用玉，比如玉璧、玉琮、玉璜等，已经基本绝迹，取而代之的是禅地玉册、玉带板、玉步摇和玉哀册等。所谓的禅地玉册就是将简牍状的玉片，用银丝以5个为基本单位穿联起来，以此形成书简，并在上面用隶书雕刻上为帝王歌功颂德的文字。玉哀册多呈扁平的片状，一面抛光如镜，刻有书序编号，一面多用楷书雕刻文字。与前代相比，这类玉器的数量并不多，质量也不甚精良。

（2）宗教用玉

这一时期，随着佛教的日益兴盛，宗教用玉的数量非常之多，其中最为常见的就是玉制佛像和玉飞天两种。玉制佛像形象多样，最为常见的有玉观音、玉如来等，而玉飞天多为女性形象，造型飘逸洒脱，酷似敦煌莫高窟壁画中的飞天。除了佛像之外，还有大量人物形象的玉雕和动物形象的生肖玉器。当然，这已经不算是宗教用玉的范畴了。这些玉雕大多融合了中西文化艺术的精华，雕刻精细，形象丰满，自然真实。

（3）装饰用玉

如前所述，唐代玉器有很浓郁的世俗生活气息，所以装饰类用玉种类非常丰富，比较常见的有玉碗、玉樽、玉杯、玉剑饰、玉带钩、玉梳等，其中最值得一提的就是玉带銙——一种镶嵌在鞓（皮革带）上的玉制装饰品，这种玉器只有一定地位的人才可以佩戴。唐代的带銙有金、银、铜、玉等不同的材质，并且因为严格的使用制度，所以不同身份的人佩戴的带銙的材质也

唐代　凤首玉钗

唐代 龙头玉发簪

会有所不同。这些带銙中，玉制带銙是最为高贵的，只有三品以上的高级官员才可以佩戴。这种玉器质地细腻，做工精湛，多呈方形的片状，并且上面多刻有人物、动物或者草木花鸟等纹饰图案。考古学家在陕西西安何家村出土的一块唐代带銙堪称经典，这块玉器上雕刻有众胡人舞蹈的图案，图中人物高鼻深目，衣着窄袖长袍，或舞蹈，或吹奏乐器，或坐着歌唱，或跪着祈祷，生动形象，反映了唐代歌舞升平、国泰民安的强盛景象。

这一时期，因为对于玉器实用性的追求，所以前代一些常见的装饰性玉器就比较少见了，取而代之的是一些实用性装饰品，比如说玉佩，在秦汉魏晋时期是非常主流的玉制装饰品，但是到了唐代，这种玉器已经非常少见，从现今出土的为数不多的几件唐代玉佩可以看到，这类玉器大多质地粗糙，做工也不甚精美，甚至许多玉佩上面光素没有纹饰，这也说明了唐代玉佩的衰落。

唐代玉器由装饰领域向实用领域的转向，使得唐代玉器中出现了诸如玉钗、玉镯、玉簪等实用性极强的玉器种类。这些玉器中很多采用金镶玉的技术，将金玉互补，从而使玉器在晶莹剔透的同时，也显得富丽堂皇，高贵典雅。

3. 唐代玉器的制作技法

　　唐代玉器的制作工艺日渐成熟，不仅继承和发展了传统玉器艺术中压地、减地、剔地、圆雕、镂雕、浮雕等雕刻手法，还往往通过简洁生动的手法，重视表现形象的气质和精神，浪漫主义气息浓郁。其中的生肖玉器堪称经典，这类玉器，不仅表现手法独特，既抓住了动物的大形，突出了动物的主要部位，还能精雕细刻，甚至连动物的肌肉转折现象都表现了出来，是十分难得的精品。

唐代　白玉雕胡人献寿摆件

174

唐代　玉马

　　唐代玉器的制作手法不仅继承了中国传统的玉器艺术，还吸收了外来文化的精华，两者的完美融合，使得唐代玉器具有自己独特的风格。比如唐代的玉飞天，在雕刻手法上明显受到印度佛教艺术的影响，多为躺着的姿势，但同时也可以明显看到汉代玉器艺术的影响，那就是在对人体结构的比例进行精准处理的基础上，对局部进行夸张。所以这些女性形象大多体态丰满，身形完美，但是这种丰腴之美又多有夸大，具有明显的时代特征。

4. 唐代玉器的纹饰

唐代玉器的纹饰风格较之于前代，有了截然不同的变化。其中最常用的装饰手法就是采用金镶玉手法，金玉并用，金相玉质，两者的互补，使得玉器的色泽更加丰富多彩。

除此之外，唐代玉器还经常用细密的网状阴线来刻画图案，这些阴线全部都是用砣琢出，深刻细腻，苍劲有力。其中最为常见的纹饰是花卉纹，即在图案的周围绘制一圈花卉，并且花茎、花叶、花蕾等一应俱全，以此来装饰主要图案。至于玉器上常见的图案，则种类丰富，既有汉人、胡人、西亚人、舞者、骑士等人物形象，也有孔雀、大雁、驯鹿、白鹤等动物形象，还有莲花、菊花、牡丹等自然花卉。这些图案自然写实，生活气息十分浓郁。

唐代　和田玉人

唐代　胡人吹奏玉带板

唐代　青黄玉犬

5. 唐代玉器的风格

　　相比于前代玉器造型与用途相互脱离的情况，唐代玉器的用途和造型已经完美地统一起来，并且日益表现出唐代玉器独特的风格。这些风格主要可以从装饰风格、玉材的选择以及功用性等方面体现出来。从玉材的选择来看，唐代玉器最为常见的玉料是和田青白玉，除此之外，玛瑙、水晶等也是常用的玉料，还有一些从国外输入的玉料，可以说唐代玉器的材质是十分丰富的。玉器的实用性也是这一时期玉器的一大特点，较之于前代，这一时期的玉器更加实用。夏商周时期的玉器以礼器为主，具有神圣性，而秦汉魏晋时期的玉器则主要用于避邪和丧葬中的防腐，同样颇具神秘感。与这些相比，唐代玉器更加贴近人们的日常生活，更具实用性。当然这与唐代玉器从礼器逐渐转向装饰品有关。唐代玉器的造型和工艺也逐渐摆脱了魏晋以来的程式化、图案化的束缚，风格更趋向于写实，更加注重对于细节的刻画，从而达到形象自然的境界。除此之外，唐代玉器的题材大多来源于自然，来源于生活，这也更好地贴近了人们的日常生活，具有浓郁的世俗生活气息。至于玉器的制作工艺，更是在前代玉器制作艺术上多有创新，并且更多借鉴了绘画中的某些技巧，从而使唐代玉器具有一种特有的饱满奔放。总而言之，这一时期的玉器艺术代表了我国古代玉雕艺术的最高水准。

唐代　荔枝白净瓶观音

宋辽金元时期的玉器

公元 960 年，中国进入宋辽金元的对峙时期，从而结束了五代十国时期的战乱和动荡，社会生产的逐渐恢复，宋辽金等国之间经济文化往来的日益密切，共同促进了这一时期玉器艺术的繁荣。

宋代　青玉剑饰

　　较之于前代，宋代的玉器艺术大为发展，不仅数量众多，而且种类丰富。人们对于玉器的兴趣也更加浓厚，不仅在宫廷之中设立了"玉园"，还因为市民阶层的壮大，玉器在民间也有广泛的发展。这一时期，因为工笔绘画的兴盛，所以在玉器雕刻手法上更多地带上了绘画的某些技法，玉器的绘画性、绘画艺术与雕塑工艺的完美融合，使得宋代玉器更具艺术性的同时，也更加贴近人们的日常生活。从制作工艺上说，这一时期的玉器制作更加复杂，不仅构图复杂，在纹饰上也较多体现出一种层次感和立体感，从唐代玉器的工艺性、雕刻性转向了绘画性。并且这一时期，无论上层社会，还是民间，收藏古玉之风兴盛，这也导致了宋代仿制古玉成风。根据相关专家的研究考证，严格意义上的古玉仿制之风也正是从这一时期开始的。

宋代　玉饕餮面蒲纹璧

辽代是兴起于中国东北辽河流域的少数民族契丹建立的政权，在地理位置上，与北宋呈长时间的南北对峙状态，但是双方经济文化往来密切。长时间的交流和沟通，使辽代玉器深深地带上了中原文化的印记。从现今考古学的发现来看，辽代玉器目前出土的数量并不多，但是从少数几件玉器上，我们还是可以看出辽代玉器具有的独特风格。从这种风格中，不仅可以看到中原文化的影子，还可以看到佛教文化乃至西方文化的影响。当然，这与辽国所处的地理位置是分不开的。辽代的玉器多以动物形象为主，具有较强的写实风格。

相同的，后来取代辽国的金国，也是由中国的少数民族建立的政权，在地理位置上与南宋呈南北对峙之势。金代玉器同样带有鲜明的民族风格和时代特色。当然，金代玉器艺术的兴盛与辽代打下的坚实基础是分不开的。但相比于辽代，金代学习中原文化更加积极主动，所以，金代玉器也更多带有中原文化的风格特征。除此之外，金代地域辽阔，新疆出产的和田玉能够为金人所用，这也保证了金代玉器的优良品质。

蒙古大军在灭掉金国、迁都大都之后，更多受到中原文化的影响，这也使得元代玉器更多地具有中原文化的特色，甚至金代文化的风格特征。并且元代统治者对于中原玉器非常喜爱，不仅征集了大量的琢玉工匠，以便元人能够更好地学习中原的琢玉技术，还开办了官办治玉作坊，从事宫廷玉器制作。统治者的重视，以及宋金打下的良好基础，最终使得元代玉器艺术飞速发展，不仅种类丰富，而且工艺精湛。

宋代　玉鱼

中国玉器史上的第二个高峰是什么时候？

宋代社会稳定，国力强盛，经济发达，市民阶层对于玉器的喜爱和购买力的提升，促进了玉器的社会需求，这是宋代玉器繁荣的主要原因。这一时期的玉器不仅质地细腻，雕刻精良，而且造型生动，纹饰复杂多变，是中国玉器史上的第二个高峰。

一、宋代玉器

宋代结束了五代十国的战乱和动荡，虽然并没有取得真正意义上的全国统一，但是在中国文化史上依然是一个非常重要的时代。这一时期中国的工商业和手工业大为发展，经济上的高度发达，促进了宋代玉器艺术的兴盛和繁荣。这一时期有几个最为显著的时代特征，首先玉器雕刻更多地受到绘画风格的影响，玉器的绘画性增强，不仅构图复杂，而且层次丰富。同时也改变了自唐代以来，玉器带有的工艺性和雕塑性色彩。其次，无论上层社会还是民间，收藏古玉之风盛行，从而促使古玉仿制行业的兴起。大量的古玉仿制品在这一时期的玉器中占有相当大的比例。最后是政府对于玉器制作更加重视，不仅成立了"玉园"这样的官方琢玉部门，还聘请了大量的雕刻大师专门为宫廷制作玉器。总而言之，宋代的玉器构图繁复，神形兼备，晶莹剔透，是我国玉器史上的又一个高峰。

1. 宋代玉器的种类

宋代经济发达，社会相对稳定，这些都为宋代玉器继承和发展前代优秀的玉器艺术奠定了基础。这一时期，玉器不再是上层贵族王侯的专属品，因为市民阶层的不断壮大，玉器越发世俗化和平民化。另外，民间盛行的藏玉之风又促进了玉器的交换和买卖，最终促成了玉器市场的出现。而玉器市场的兴盛，让人们从玉器买卖之中看到了利益，玉石仿制古玉之风又兴盛起来。总之，所有这一切，都是宋代玉器繁荣的表现。而从玉器的种类上看，宋代玉器的种类更是丰富多样，但从总体来看，较之于前代，这一时期的玉器种类发生了不小的变化，其中最明显的就是玉制明器和玉制工具的绝迹。当然除此之外，宋代玉器无论从数量还是从种类上来说，都可以说是蔚为壮观。这些玉器按照用途的不同可以分为几类，以下作详细论述。

宋代　白玉与子同欢笔搁

宋代　玉兔

（1）装饰玉

装饰玉主要有玉钗、玉戒指、玉环、玉簪、玉镯、玉带、玉带钩、玉佩等。

（2）实用玉

宋代所谓的实用玉不是指诸如玉刀、玉斧、玉铲之类的玉制工具，而是各种玉制器皿，其中最为常见的有玉杯、玉樽、玉盘、玉壶、玉笔筒、玉笔洗、玉纸镇、玉印池、玉砚等。

（3）陈设玉

宋代的陈设玉最为常见的种类有玉炉、玉瓶、玉盒、玉山、玉花插以及各种动物形象的玉生肖和人物形象的玉制雕像等。

（4）仿古玉

所谓仿古玉就是指古玉的仿制品，最为常见的有玉璧、玉璜、玉簋、玉圭、玉剑饰等。这类仿制品大多采用"歧出雕法"，雕刻出来的玉器相较于真品更加圆润、精美，但是在玉器纹饰中的一些弧形、圆形部位，会多出一些长短一致的短线，这也是宋代仿品和真品之间最主要的区别。

2. 宋代玉器的工艺

　　宋代玉器具有浓郁的民族风格和地方特色。宫廷玉器上的图案多为龙凤呈祥，除此之外，也有玉璧、玉避邪、玉钗、玉簪、玉杯、玉环等大量的古玉仿制品。至于民间用玉，则更多地从日常生活中取材，草木、鸟兽、虫鱼、山水等皆是玉器上常见的纹饰图案，并且这些玉器更多地运用了镶嵌技术。除此之外，还有大量人物和动物形象的玉雕，这些玉器大多受到写实主义画风的影响，精雕细刻，追求细节的真实，故而形象大多生动逼真，一些精品还能反映形象的精神面貌。

宋代　和田羊脂玉鹿

宋代　龙腾九霄玉牌

宋代　白玉雕蟠螭纹剑饰

宋代　黑白玉湖石孔雀摆件

在玉器的纹饰风格方面，宋代玉器的纹饰图案更加丰富多样，除了上面所说的龙凤呈祥，还有人物纹、植物纹、动物纹和几何形纹饰。

在玉器的雕刻技巧方面，这一时期产生了前代从未出现过的多层立体镂雕技术，这是中国玉器雕刻史上的一次巨大发展。除此之外，这一时期玉器的抛光、浮雕、圆雕、透雕等技术也更加精进，这些技术的综合运用，使玉器造型达到了神形兼具的境界。

　　在宋代众多的玉器当中，最具代表性的要数花卉纹玉器了。宋代的花卉纹玉器中，最著名的就是花鸟形玉器。这种玉器的纹饰大多采用写实手法，精雕细琢，将一枝花的花茎、花叶、花朵等全都详尽地刻画出来，还注重花鸟之间的相互映衬，风格独特，艺术性强，是宋代玉器工艺水平的最高代表。

　　还有就是宋代玉器强烈的世俗气息，这也是玉器更加贴近人们日常生活的体现。大量玉制器皿的出现，都说明了这种世俗化的倾向性。

　　总之，宋代玉器具有构图繁复、风格写实、神形兼备、空灵剔透等特征，是我国用玉史上的又一个高峰。

宋代　白玉童子

宋代　孔雀衔瑞草佩

宋代　青玉梅花纹砚

二、辽代玉器

　　辽国是中国历史上少有的几个少数民族政权，这个政权在最强盛的时候，其疆域包括了整个东北地区以及大部分的西北地区。建立辽国的契丹族在刚刚兴起的时候，还处于奴隶社会游牧时期，经济政治文化相对落后，但是自建国以来，受到西方文化、佛教文化以及中原文化的诸多影响，发展很快。从现今出土的辽代玉器上可以看到，这一时期的玉器同样具有自己独特的风格特征。在玉料的选择上，辽代玉器多选用和田白玉，但是因为契丹贵族对于金银财富的热爱，所以辽代玉器多将和田白玉和金银混合使用，也就是采用中原地区流传过来的镶嵌技术，制作金银镶边的玉器，这类玉器充分显示出辽代玉器的工艺水准。在玉器的造型方面，契丹族因为崇尚游牧生活，经常与动物为伍，所以辽代玉器多为动物形象，较少植物形象和几何造型。这类玉器一般雕工精细，形神兼备，也是品质上乘的佳品。除此之外，辽代玉器中的玉飞天、双鹅形玉盒、圆雕玉兽和玉带板也独具特色。

三、金代玉器

　　金国也是由中国的少数民族建立的政权，金国最为强盛的时候，其疆域在辽国疆域的基础上更加扩大，甚至包括了今天的河北、陕西、山东以及河南、江苏、安徽的部分地区，盛极一时。与辽代相比，金代的玉器同样具有鲜明的时代风格和民族特征。从某种意义上说，金代玉器是在辽代玉器艺术基础上发展而来的，并且相比于辽代，金国人更善于向中原地区学习，所有这些都大大促进了金代玉器艺术的发展和繁荣。

　　金代地域广阔，保证了金代玉料的充足和多样，但同时，南宋、金和西夏三国频繁的经济文化往来，也使新疆的和田玉源源不断地输入到金国。另外，在频繁的征战之中，金代统治者收拢治玉工匠，这也从一定程度上促进了金代玉器艺术的发展。从现今出土的玉器来看，金代玉器的数量并不多，但是从这些少量的玉器上，我们还是可以看出金代玉器具有的时代特征和民族风格。这其中最具代表性的就是"秋山玉"和"春水玉"，这两类玉器反映的都是女真族的游牧狩猎生活，具有浓郁的民族特色。除此之外，嘎拉哈玉玩、青玉龟游佩、白玉花鸟佩、双鹿镂空玉牌饰、圆雕玉人等也是这一时期颇具代表性的玉器作品。

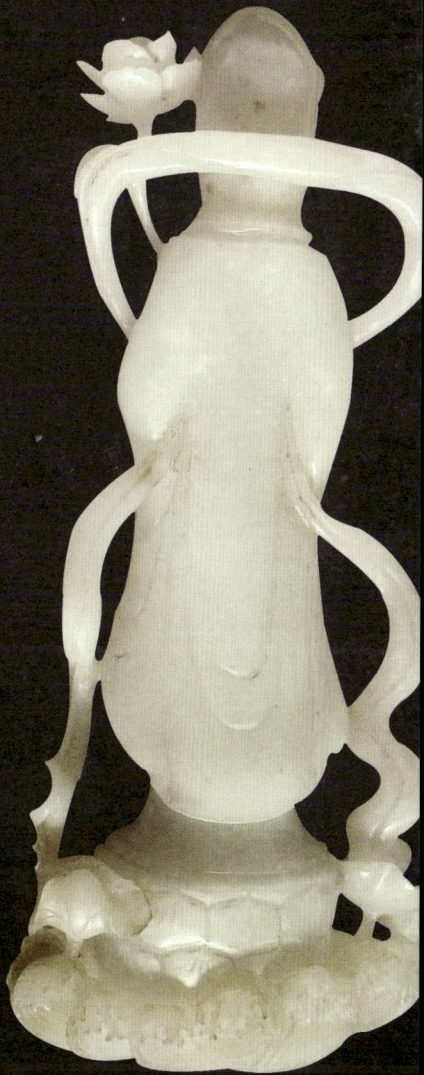

金代　玉器

元代　白玉镂雕龙穿牡丹盖钮

元代　碧玉龙纹洗

四、元代玉器

　　元代是蒙古族统治的时代，在蒙古族刚刚兴起的时候，还处在奴隶社会相互征伐的阶段，经济文化落后，根本没有玉器工艺可言，等到蒙古族灭掉金国，建立起全国性的政权之后，又因为对于中原文化的排斥，使得当时玉器艺术发展受到很大限制，宋代高超的玉器艺术在这一时代非但没有得到继承和发展，还出现了回落现象，所以元代初期，玉器尽管数量不少，但是大多工艺粗糙，较少精品。

　　随着时代的发展，元代统治者出于统治的需要，开始渐渐接受中原文化，这也使得蒙古贵族们发现并喜欢上了玉器。政府的重视，使得元代的玉器艺术快速发展起来。这一时期，不仅出现了专门的琢玉机构和治玉作坊，还设立了内廷玉作，委派官员专门管理琢玉机构中玉器的生产和制作。另外，元代辽阔的疆域，也使得新疆的和田玉能够源源不断地输入到中原地区，从而保证了元代玉器制作中玉材的充足。这一时期的玉器更多地受到宋代玉器艺术的影响，并且有所发展，其中最具代表性的就是"花下压花"雕刻手法的出现，这种手法首创于元代，是中国玉器雕刻工艺上的一大进步。另外，这一时期还出现了中国历史上第一部介绍古玉种类的专门性图录，那就是元代画家朱德润编写的《古玉图》。所有这些都说明了元代玉器艺术发展曲折的历程。

元代　瑞狮纸镇

1. 元代玉器的艺术特点

元代时期的玉雕沿着宋代开拓的世俗化、装饰化方向发展，一方面艺术有所退步，另一方面雕技有创新之处，有些作品风格独特。

元代玉器的艺术特点是玉器形体气势较大，雕琢技艺炉火纯青，装饰技巧新颖别致，花卉纹、螭虎纹装饰应用得非常成功，倭角的处理非常得体。

元代玉匠在方形玉器的处理上，既有硬挺挺的直角，也有流动的倭角，刚柔并济，同时在边框内外缘刻两条粗阴线，更使元代玉器的线角显得十分优美。

元代玉器的搭配技巧十分熟练，其中仿古玉是最主要的表现形式。

元代最显著的仿古玉实物，要算玉瓶与玉尊，而仿摹的对象或是周代青铜尊，或是早期陶瓷贯耳瓶，为玉器大量摹青铜器、陶瓷器开了先河。

元代出现了很多新颖玉器，如玉押、帽纽玉带环、玉带扣等。

元朝政府网罗了大量的工匠，官办手工业生产得到发展。同时，沿用宋金玉器传统题材，花卉纹延续，螭虎纹再兴，春水玉、秋山玉进一步世俗化。螭虎是龙子之一，始见于西汉，历代虽有雕琢，但用得均不多，元代螭虎纹不仅应用得多，而且非常成功，并创造出元代的风格。

元代　玉雕炉纹炉顶

中国玉器的历史知识 >>>

什么是倭角?

倭角又作委角，方形器转角的一种装饰形式，一般有以下几种样式：常见的是将直角变为内凹双弧线；或将直角变成圆角；也有的将直线斜削45°，变四方形为八角形。倭角常出现在方形盘、盒、瓶等器物上。

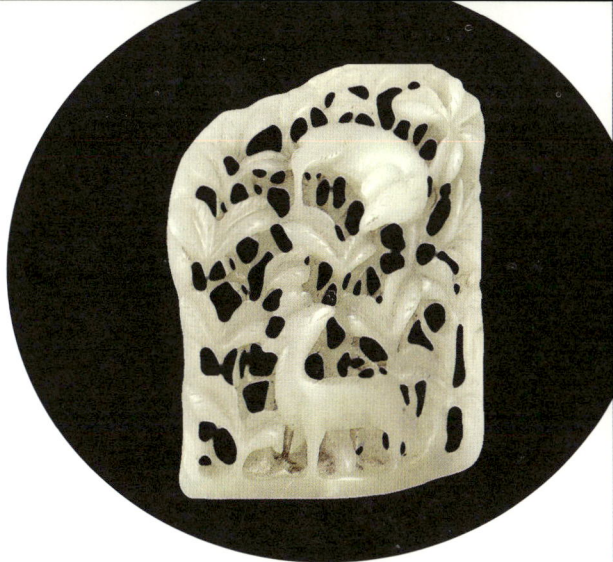

元代　青白玉秋山子摆件

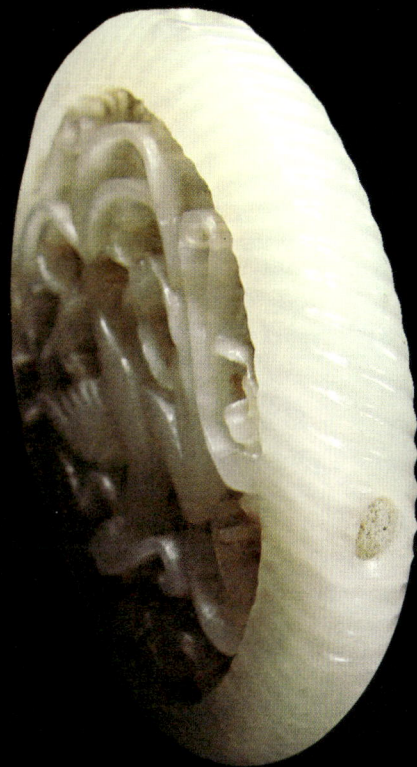

元代　香囊配饰

元明时期，宫廷曾召西域国工碾制玉九龙帽顶，螭虎形象的运用和曲线处理颇为灵秀细劲，均较为成功，但对细部的磨光不够注意，往往留下一些砣痕。

元玉器继承宋、辽、金玉器形神兼备的特点，但其做工渐趋粗犷，不拘小节，继续碾制春水玉和秋山玉以及从南宋继承下来的汉族传统玉器。

元玉器还受到文人书画的影响，发展了碾琢文人诗词和写意山水画的玉器，往往镌刻名家款识，追求文人高雅的情趣。

元代出土的玉器数量极少，可能因为元朝统治者对使用玉器有一套等级森严制度的缘故，但元朝帝王的宫殿里却无处不有玉。

元代玉带钩曲线较为平缓，但玉器增大，多呈琵琶形。

元代　玉胡人戏狮

2. 元代玉器的特征和代表作品

　　元代玉器品种与宋玉近似，服饰用玉增加了小型的玉饰嵌件及帽顶。在器型、琢制工艺方面表现出对唐代风格的崇尚模仿；花鸟纹饰较唐代更富于生活气息；民族风情图景及柞树叶齿状外缘的琢法，成为元代部分玉器明显的特征。

　　元代玉雕喜欢用深痕阴线，线条粗重，使纹饰起凸高，但线纹起止痕明显、线条不匀齐，常有失控的出锋痕迹，显得粗糙。元代的玉童子面部五官紧凑，连成一片；用阴线纹刻画眼眶，鼻短但鼻头大且有棱角；有的戴宽沿尖顶帽，着长袍束腰，下摆肥大如裙，脚着长筒靴，手持绣球飘带。元代动物形玉雕躯干细长，动势起伏大，生动而富有神采。

元代琢玉擅长透雕技法。元代也制作了一些仿汉玉，在技法上不注重追摹祖型特征，专以伪残品和烧茶褐色斑以假充真。

元代的玉器出现了很多的代表作品，海东青擢大雁玉饰就是最具代表性的作品之一。

海东青擢大雁玉饰器高约8厘米，以海东青擢捕大雁为主题，旁底以云水为衬。大雁翅已垂，颈已弯曲，海东青距雁首而立，描写的正是擢擒雁坠刹那间情景，生动而传神。云水及鹊、雁皆以极深的镂雕法处理，加强了玉雕的深厚度，使得主题及旁衬凸显出很强的立体感。

元代 玉瑞兽

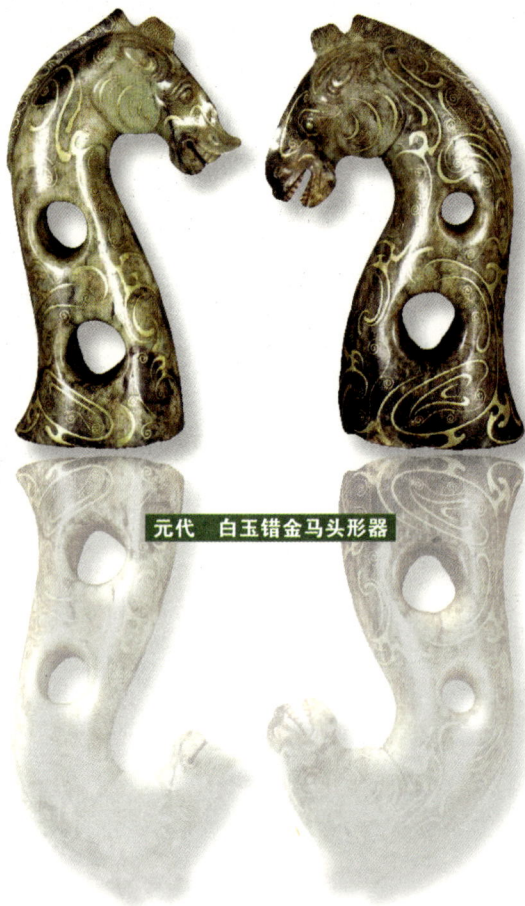

元代　白玉错金马头形器

　　原件以白玉雕琢，经过细心的抛光打磨，整件玉器显得光润晶莹。表面的疏浅黄斑为烧烤而成，是元、明以来玉雕的一种装饰手法。这件精美的玉饰，显示了元代高超的玉雕水平。

　　海东青攫鹅雁的主题与北方民族的春猎活动有关。当初春冰雪未融之际，人们即驻扎冰河之畔，鹅雁未至，先凿冰垂钓，待天稍暖，雁踪初现，即可展开猎捕活动。

　　《金史》中的如春水和《辽史》中的春捺钵所描述的就是这种景致。对游牧民族而言，春猎非但是关系温饱和生存的大事，且在一年起始若能满载而归，也是吉祥之兆。

　　金代春水玉逐渐演化为鹰击天鹅、芦雁荷藕图，将秋山玉逐渐演变为蝠鹿图案。其影响一直波及明清。

　　元代是由蒙古人所建立的横跨欧亚的强大帝国。蒙古本是塞外游牧民族，射猎对他们而言，不仅是习武，更是获取生活资源的主要方式之一。即使在其统治中国之后，王室依旧保持其狩猎的传统，一方面以打猎取乐、君臣同欢，另一方面则示其不忘本。

元代一年有两次重要的狩猎季节：春天与秋天。春天到水滨去狩猎，秋天则到山林间猎鹿。以此春秋渔猎活动为主题的玉雕称为春水佩或秋山佩。

元代最具代表性的玉器还有渎山大玉海，这是中国玉雕史上第一件真正的巨型玉雕。

渎山大玉海可贮酒 30 余石，它曾是元朝开国皇帝忽必烈在开国大典上请众人饮酒的盛具。它由一块杂色墨玉雕刻而成，雕件直径达 135 厘米～182 厘米、高 70 厘米、深 55 厘米、周长 493 厘米，呈椭圆形，内空。饰海龙、海马等十几种瑞兽，翻腾沉浮于波涛汹涌的大海中，气势雄伟，动人心魄，神态生动，是元代玉器的代表作。

元世祖忽必烈为了大宴群臣，命玉雕名匠琢成此器。从金至元，跨越两个朝代，历时 15 年雕刻而成，为世所罕见的巨型玉器和艺术珍品。

元代玉器风格常采取起突手法，渎山大玉海随形施艺，海神兽畅游于惊涛骇浪之中，颇具元人雄健豪迈之气魄。玉海以大块整玉雕成，其造型沉雄博大，气势磅礴，浑厚雄伟，气盖山河。外壁雕有海兽、波涛等浮雕，蛟龙、海马、海猪、海鹿、海犀、海螺、飞鱼、青蛙等动物以及兔首鱼身的奇异禽兽，浮沉于波涛汹涌的大海之中，具有神秘感和浪漫主义色彩，为元玉中的传世之宝。

元末明初　和田白玉奚官御马摆件

渎山大玉海为黑、绿、白交织斑纹的玉料制成，其色质与独山玉极其相近，有人推测"渎山"就是独山，渎山大玉海的玉料应为独山玉。

渎山大玉海是我国历史上玉器生产中的首件大作品，原放置于万寿山广寒殿内，明万历年广寒殿倒塌，流落到西华山外真武庙内，直到清乾隆十年（1745年），乾隆发现这一无价之宝，"命以千金易之"，经名匠高手4次修饰，刻乾隆诗三首及序，在北京团城盖一玉瓮亭放置，至今仍保存在承光殿前。

元代玉器中的流行代表作品还有玉带饰和玉带钩。玉带饰在元代社会中应用广泛，大多雕刻得十分精致，一套多则25块。玉带钩沿袭传统样式，大多以龙首为钩首，采用高浮雕手法，并有所创新。

在统治中国之后，蒙古王室依旧保持狩猎的传统。以春秋狩猎活动为题材的玉雕同契丹和金人一样称为"春水佩"和"秋山骊"。

元代处理公文的玉器有玉玺及玉押。

玉押始于五代，但实物始见于元代。元代百官多为武夫，只能弯弓射箭，不能执笔画押，于是便以象牙、木料制印。而玉印也就是玉押，只有一品以上高官由朝廷特赐方可使用。

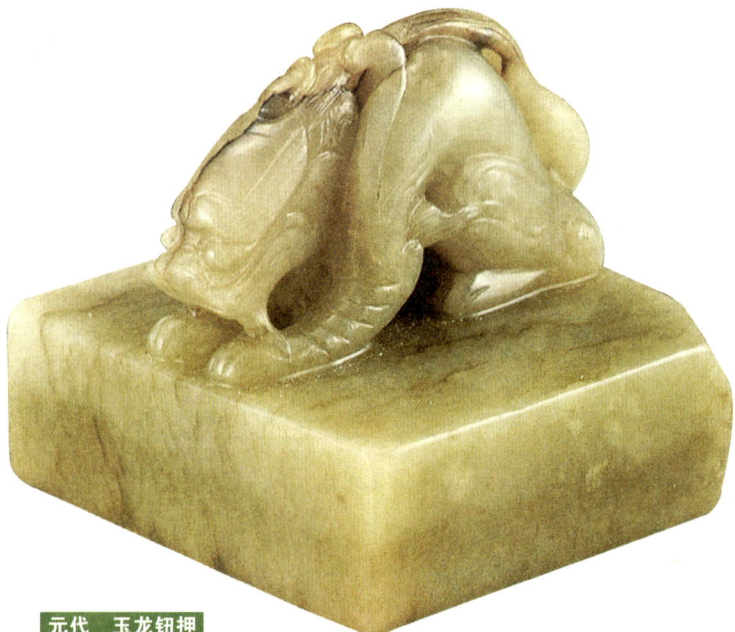

元代 玉龙钮押

明清时期玉器艺术的繁荣程度远远超过了宋代，不仅种类和数量众多，而且在造型、工艺等方面均有不同程度的发展进步。但是与宋代不同的是，明清时期的宫廷用玉更加发展，达到了中国玉器史上的鼎盛，而民间用玉则逐步衰落，并且和宫廷用玉之间的差距进一步拉大，玉器作品大多粗糙，只有少数形制较小的装饰品品质上乘。

作为中国玉器发展史上的第三个高峰，明清时期的玉器艺术代表了中国玉器发展的最高水平。明代的玉器艺术是在前代优秀的玉器艺术基础上进一步发展而来的，阴线雕刻、浮雕、圆雕等雕刻技术更加成熟，并且更多地融入了绘画和雕塑方面的技巧。

清代的玉器艺术在南方和北方都具有普遍的发展，清代玉器是在明代玉器的基础上发展而来的，同样作为中国玉器史上的鼎盛时期，清代玉器在质地、做工、造型和纹饰风格等方面，都达到了前所未有的高水准。

明清玉器是初入古玉收藏投资之门者的首选，有必要详细介绍。

明代　玉雕双鱼摆件

明代　和田青白玉鲤鱼童子纹笔洗

一、明代玉器

　　明朝的建立，结束了中国长期的战乱和动荡，实现了社会经济的稳定与繁荣，促进了中国玉器艺术的再度繁荣。这一时期的玉器制造业要明显高于元代，不仅种类和数量增多，而且在工艺和雕刻等方面也有了长足的发展进步。这一时期的玉器更加贴近百姓的世俗生活，带有浓郁的世俗化倾向，比如当时玉器上的纹饰多为各种吉祥图案，就是最好的说明。

　　当时苏州地区的玉器行业是全国玉器工艺的代表。苏州生产的玉器种类丰富，不仅生产具有实用价值的玉壶、玉碗、玉带钩等玉器工具，还生产玉佩、玉带、玉印玺等玉制装饰品，品质极佳，连当时统治者的宫廷用玉也是由这一地区的玉器工厂制造的。

兴起于宋代的古玉仿制之风，在这一时期再次兴盛起来。这些仿制品有的是出于对古玉的热爱而做的，比如仿古彝器，这种玉器在造型和质地等方面与真品相差无几，但是做工却超过真品，这类玉器并不以古玉为目标，而是出于对于复古风气的追求而做。另一类仿制品则纯粹是为了牟取利益。众所周知，随着玉器买卖的兴起，品质上乘的古玉价值不菲，所以，一些商人为了牟得不义之财，就开始制造古玉的仿制品，并进行销售。这类玉器大多质地粗糙，粗制滥造，很少有精品之作。

在造型风格方面，明代玉器更是一反宋代以来玉器神形兼具的雕刻风格，更加精雕细刻，追求一种更具装饰性的唯美风格。

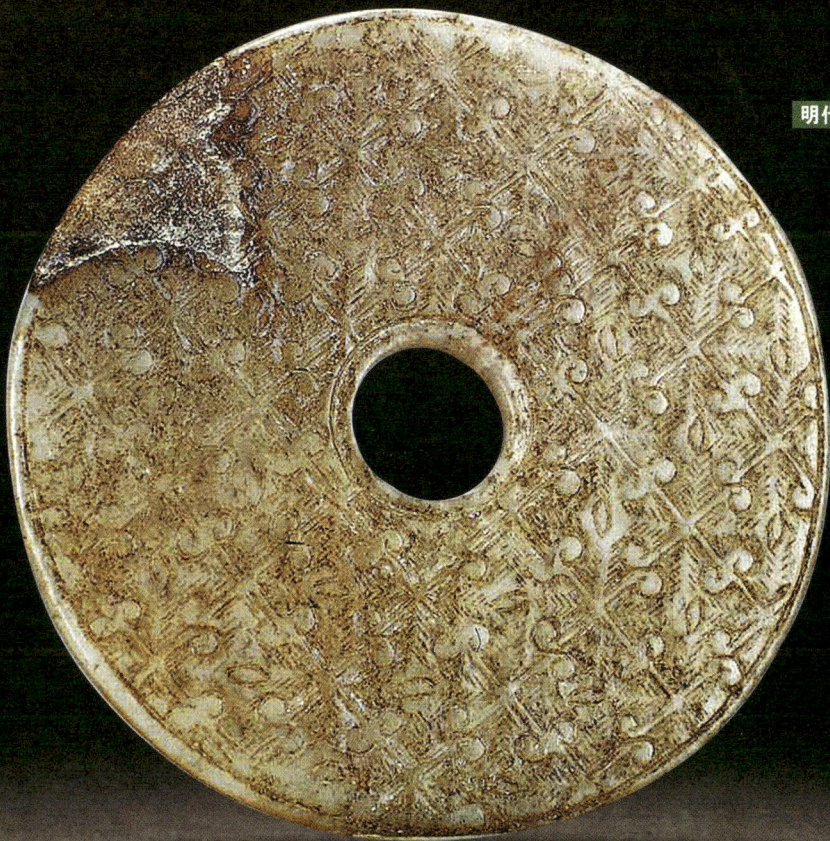

明代 玉璧

明代玉器吉祥图案产生的原因

　　明代是道教和程朱理学最为兴盛的时期，受这两种思想的影响，再加上当时社会的相对稳定，使人们渴望荣华富贵，并且常将这种渴望在日常生活中的玉器上通过图案的形式表现出来，这就使得吉祥图案成了明代玉器上最常见的纹饰图案。

1. 明代玉器的文化背景

　　虽然明朝始终处于内忧外患的境地之中，但是总体而言，明代社会还是相对安定的，这促进了明代商品经济的发展和繁荣，商品经济的繁荣使得民间的财力增强，也使得普通百姓有更多的财力来购买玉器，享受生活。并且不同于元代死板的工匠制度，明代的玉器工匠具有更大的空间来进行自由的玉器制作。而且随着交通运输条件的进一步完善，保证了明代玉料的充足。所有这些条件共同促进了明代玉器的复兴和繁荣。但是从现今考古学的发现来看，出土的明代玉器大多为宫廷用玉，民间用玉数量不多，当然这也与明代平民不得使用玉制器皿的法律规定有一定关系。

明代　青玉雕梅花花插

明代　玉琮

2. 明代玉器的发展历程

根据相关专家的研究，明代的玉器工艺可以分为以下 3 个时期。

明初期的玉器

明代初期是指成化之前的明代。这一时期的玉器工艺较多地带有元代晚期的风格特征，从现今出土的这一时期的玉器来看，这一时期的玉器质地较为细腻，做工严谨，其中的一些作品甚至堪称经典。但是从玉器的风格特征来看，这一时期的玉器大多通过精湛的碾磨工艺，制作出玉器整体上的圆润感，但是并不注重细节刻画，这明显是元代晚期的玉器特征，因此，如果从时代风格上划分，这一时期的玉器划入元代玉器更为合理。总体而言，明代初期的玉器还没有形成自己的特色。

明中期的玉器

明中期的玉器是指从成化到嘉靖中期的玉器。这一时期的玉器工艺日趋成熟，造型风格更加简洁，并且越来越多地具有文人色彩。该时期治玉行业进一步发展，并在我国的南京、江西和上海等地形成了几个固定的治玉中心。这一时期的玉器风格已经显露出明代玉器的时代风格，但是还不太明显。

明代 和田玉将军扣

明代　和田白玉坠

明晚期的玉器

明晚期玉器指的是从嘉靖中期直到明朝灭亡期间的玉器。这一时期，社会经济更加繁荣，玉器行业达到鼎盛。苏州更是成为全国的治玉中心。

因为海外贸易的频繁，商品经济的繁荣，造成这一时期的玉器风格多样化。相对而言，这一时期的玉器生产数量，相对于中前期来说，具有明显的增长，但是品质却有所下降，粗制滥造现象非常普遍。但整体而言，这一时期的玉器已经表现出明代鲜明的时代特征，造型上不再追求形象的神形兼备，而是更多地带有一种唯美倾向，纹饰上更多采用"图必有意，意必吉祥"的图案。并且这一时期玉器的世俗化倾向更加明显，当然这与明晚期民间用玉的兴盛以及商品经济的发展是分不开的。

3. 明代玉器的种类

明代玉器的种类在宋元玉器的基础上有所改变，主要表现在：玉制礼器种类减少，除了玉璧和玉圭之外，其他的玉制礼器较为少见；玉制装饰品种类增加，最为常见的玉种有玉坠、玉带钩、玉簪、玉镯、玉环等，其中玉簪是明代最为兴盛的玉制装饰品；除此之外，玉制器皿的种类也非常普遍，最为常见的有玉碗、玉壶、玉樽、玉杯、玉盒等，因为明代禁止平民使用玉制器皿，所以这类玉器大多是宫廷用玉，故而在质地和做工上都堪称经典。当然在种类丰富的明代玉器中，还有大量的玉雕作品，这类玉器多以花草、鸟兽、人物为形象，生动逼真，造型唯美，很多是传世佳作。

明代　白玉马上封侯

明代　白玉兽

4. 明代玉器的纹饰

　　明代，因为程朱理学的兴盛以及道教思想的影响，玉器艺术更加明显地表现出一种世俗化的倾向，表现在纹饰方面就是，明代的玉器大多采用"图必有意，意必吉祥"的图案。具体来说，明代玉器的纹饰主要有以下特征。

　　①大多从诸如"刘海戏蟾""太白醉酒"等民俗故事中取材。

　　②纹饰中往往有丰富的植物和动物图案，比较常见的动物有龙、虎、狮子、牛、飞鱼、仙鹤、兔子、马、羊、凤凰等，常见的植物有灵芝、荷花、牡丹、兰花、石榴花等。

　　③图案的谐音皆有隐喻，比如桃表示寿；鹿表示禄、高官厚禄；戟磬图案表示吉庆；羊表示吉祥；鱼表示有余；雀鹿表示爵禄；蝠鹿表示福禄；一枝荔枝表示一本万利等。

明代　黄玉骆驼

明代　仿古玉璃龙纹玉圭

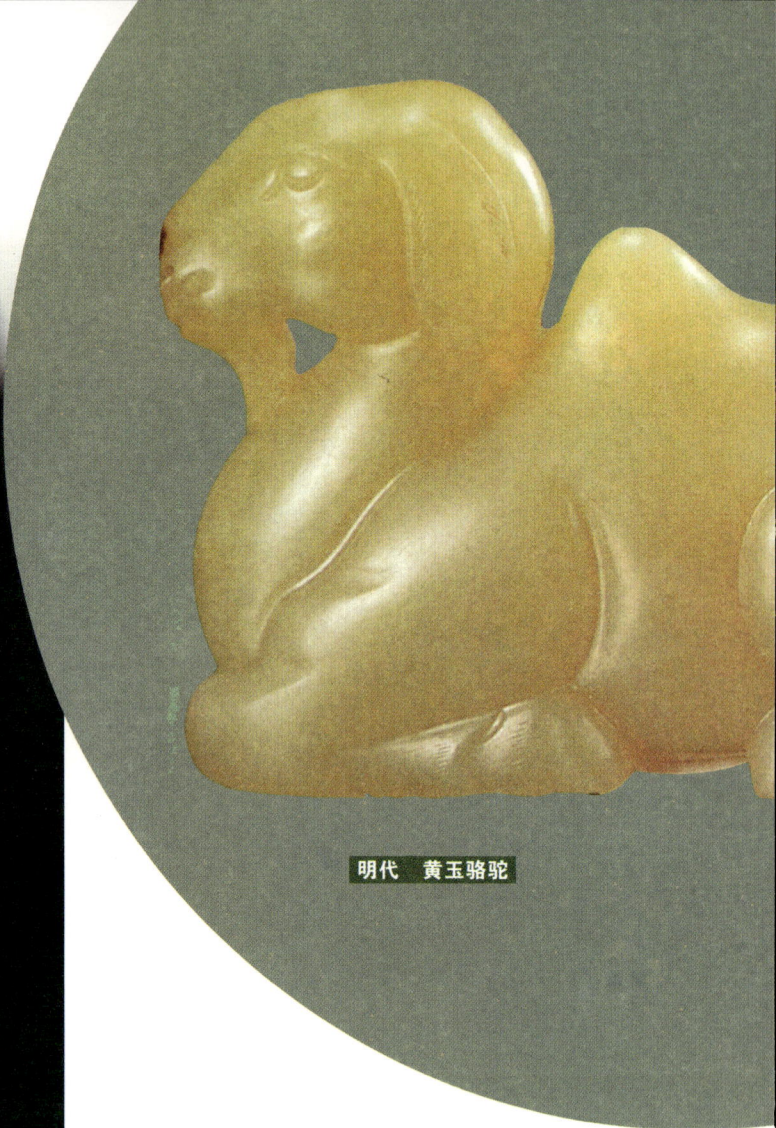

5. 明代玉器的工艺

明代玉器继承了宋元以来的玉器艺术，并且随着时代的演进，发展出做工粗放和雕琢烦琐两种相反的风格倾向。在艺术风格上，更加精雕细琢，追求形象的唯美。当然还有日益成熟的仿古技巧，这些都与明代商品经济的繁荣有密切关系。在雕刻工艺上，这一时期多运用"三层透雕法"，这种雕刻手法是在宋元时期的"花下压花"技巧基础上发展而来的。除此之外，出现于元代的多向打孔的管钻镂空法，在明代也得到了更为普遍和熟练的运用。

6. 明代玉器的特色

明代玉器在继承宋元时期玉器艺术的同时，也拥有自己独特的时代特征，这些特征对于明代玉器的鉴赏和辨别具有十分重要的作用。其中最具代表性的就是"粗大明"的碾玉特点。所谓"粗大明"，就是粗犷、宽大的玉器就是明代的玉器。也就是说，明代的玉器大多粗犷雄浑，宽大浑厚，注重玉器的整体塑造而忽略玉器的细节刻画。除此之外，明代玉器还具有以下特色。

明代　白玉三童子水呈

209

明代　碧玉云纹龙凤觥

金玉珠宝是明代玉器的镶嵌特色

　　明代海上贸易的兴盛，是商品经济繁荣的一个重要原因，而商品经济的发展又促进了金玉珠宝为主的奢侈品的贸易。明代的金玉珠宝主要有以下几方面的特征。

　　①金玉珠宝融为一体，即通过镂空、垂刻、镶嵌、焊接等工艺，将金、玉和珍珠等物质融为一体，做成一种珍贵的装饰品。

　　②金玉珠宝除了做装饰品之外，还用来做玉樽、玉壶等器皿，不仅造型独特，而且色彩丰富。

　　③这类玉器的边缘多镶有金箔片。

诗书画印是明代玉器的艺术特点

如前所述，明代玉器在具有浓郁的世俗气息的同时，还具有文人画倾向，这是因为玉器越来越受到文人的喜爱。这种倾向使得文人化玉器从最初的文人陈设玉，比如玉砚、玉笔架等，扩展为文玩等风雅玩物。

这类玉器多将文人的诗、书、画等作品印在玉器上，从而使玉器具有浓郁的文人画气息。这其中以雕刻大师陆子冈制作的玉器最具代表性。他的作品多用浅浮雕手法在器物上雕刻文人画，并在画面的空白处或者旁边雕刻上与图画相关联的诗文，从而取得诗画相得益彰的效果。

明代　白玉雕臂环

花下压花是明代玉器的装饰特点

如前所述，明代的玉器大多粗犷雄浑，当然这类玉器多为陈设玉，也有精雕细琢的玉器，这类玉器以装饰玉居多，其中最具代表性的就是玉带板。明代的玉带板多采用花下压花的技术，在器物上镂雕出多层次、颇具立体感的花纹，是明代玉器中的经典之作。

明代 玉卧狮

明代　仿古玉碗

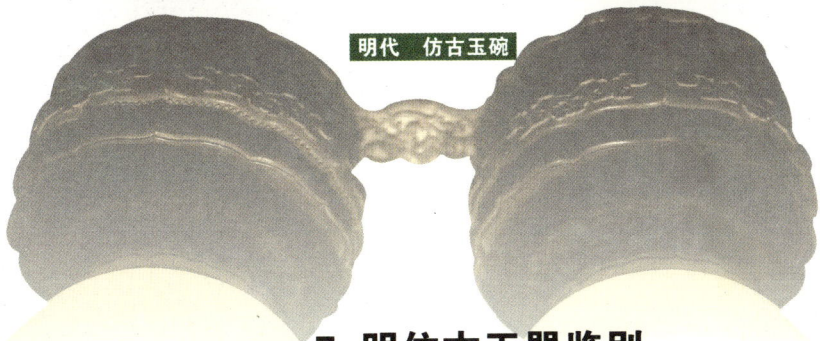

7. 明仿古玉器鉴别

　　明代沉暮的文化气息和普遍的复古心态使得明代复古之风兴盛，从整体来看，整个明代都弥漫着浓郁的复古气息。这种复古气息反映在玉器艺术上，就是古玉的仿制之风再次复兴。如前所述，这类仿制品可以分为两类：一类是为了牟取利益，大多粗制滥造，品质低下，很容易辨别；另一类就是纯粹的复古风气导致的。后一类玉器大多工艺精湛，造型独特，堪称经典，多为宫廷用玉，其做工要明显地超过真品，并且材质也多有不同，从这两方面也很容易分辨出两种玉器的不同。

明代　青白玉雕望子成龙纹杯

明代 墨玉兽面纹花觚

二、清代玉器

　　缅甸翡翠以及新疆和田玉顺利进入中原，为清代的玉器制作提供了充足的玉料。

　　清代初期，战乱频发，社会动荡，这一时期的玉器艺术受到很大冲击，但是宫廷用玉的数量还是相当可观的。雍正年间，社会开始稳定下来，这为玉器艺术的再次兴盛创造了条件。到乾隆、嘉庆年间，玉器艺术已经达到鼎盛，不仅种类丰富，数量众多，而且制作工艺更为精湛，代表了清代玉器的最高水平。这一时期的复古潮流依然兴盛，以至于仿古玉在清代玉器中占有相当大的比重。清代的仿古玉主要有两种：一种是仿古彝，也就是仿制商周时期玉器的纹饰和造型风格；另一种是仿汉玉。除了仿古玉之外，还有大量的时

清代　龙凤呈祥玉璧

作玉，清代的时作玉不仅种类丰富，而且做工精湛，是清代玉器艺术的主要代表。当然在仿古玉和时作玉之外，还有一种玉器，那就是仿痕都斯坦玉，这种玉器是用痕都斯坦玉制成的，造型和纹饰带有浓郁的阿拉伯艺术风格。这三种玉器是乾隆、嘉庆年间最具代表性的玉器种类。到道光、咸丰年间，因为战乱频仍，社会动荡，尤其是太平天国运动的战事对江南的浩劫性破坏，导致苏州、扬州等玉器行业的衰落，因此中国的玉器制造行业再次受到冲击，新疆地区的和田玉也因为战乱而无法输入中原，所有这些影响导致当时玉器艺术的衰落。从这一时期直到清朝灭亡，清代玉器行业没有再次复兴起来。

　　但是从整体来说，清代玉器依然是中国玉器艺术的最高代表，这一时期生产的玉器数量之多，种类之繁，工艺之精湛，都是前代从未有过的。

中国玉器的历史知识 >>>

清代玉料充足的原因

　　康熙年间，清代将领吴三桂为追击南明永历帝而一路率兵南下，打到了今天的缅甸，从而开通了缅甸翡翠进入中原的道路。乾隆年间，年羹尧率兵平定了新疆大小和卓的叛乱，从而开通了新疆和田玉进入中原的道路。两大玉料源源不断地输入，再加上中原地区自产的玉料，保证了清代玉器制作行业的玉材充足。

清代　和田玉锁

1. 清代玉器的文化背景

　　清代中前期，清朝统治者励精图治，开疆拓土，创造了一个幅员辽阔的清帝国，又由于交通运输条件的改善，使得新疆的和田玉、缅甸的翡翠等品质优良的玉料能够源源不断地输入中原地区，为清代的玉器制作提供了充足的玉材，这也是清代玉器艺术走向兴盛的基础。在清代玉器中，占有相当比重的依然是宫廷用玉，这类玉器大多是能工巧匠对品质优良的玉料进行精雕细琢而做成的，因此这类玉器不仅造型完美，而且工艺精湛，是清代玉器中的精品之作。这一时期的民间用玉也十分著名，不仅产量巨大，而且具有较高的工艺水准。除了传统的苏州治玉中心之外，扬州也逐渐发展成为全国著名的治玉中心，两大治玉城市出产的玉器风行全国，深受世人喜爱。当然民间用玉和宫廷用玉的玉料有所不同，受到经济实力的影响，清代民间用玉的主要玉料是独山玉和岫玉。除此之外，民间用玉还较多地受到文人画的影响，这也是宫廷用玉所不具备的风格。

2. 清代玉器的发展历程

总体来说，清代的玉器艺术已经达到了中国玉器艺术的最高水准，但是在清朝长达 200 多年的历史上，玉器艺术的发展并不均衡，根据相关专家的研究，清代的玉器生产可以分为以下 4 个阶段。

萧条期

萧条期即从清朝开始到乾隆二十四年，总共 115 年的时间。这一时期因为战乱频仍，社会动荡，玉器生产受到很大冲击，在制作工艺、造型风格、纹饰图案等方面，更多地带有明晚期的一些风格特征。

中国玉器的历史知识 >>>

清代玉器辉煌的原因

清代玉器是中国玉器艺术的巅峰时期，清代玉器取得如此大的成就的原因主要有：玉材充足；清朝统治者重视；清代能工巧匠对于历代玉器技术的继承和发展。

清代 白玉双龙戏珠镯子

清代中期 白玉麻姑献寿摆件

昌盛期

昌盛期即从乾隆二十五年到嘉庆十七年，总共 52 年的时间。这一时期，新疆的和田玉再次输入到中原地区，玉料的充足、名家辈出以及工艺水准的不断提高，使得这一时期的玉器生产再次兴盛起来，并形成了苏州、扬州两个治玉中心，这一时期的玉器艺术代表了清代玉器，乃至中国玉器艺术的最高水平。

衰微期

衰微期即从嘉庆十七年，一直到清朝灭亡。这一时期，随着战争的不断发生，社会再次陷入动荡之中，并且因为战乱，新疆的和田玉输入中原的道路再次中断，从而直接导致了清代玉器生产的衰落，又因为几次大的战争都牵涉到苏州和扬州，使得清代的玉器制作行业受到毁灭性的打击。而清廷战败后的大量战争赔款，也使得政府财政大减，无力承担巨额的宫廷用玉费用。所有这些原因都使得清代的玉器艺术逐渐衰落下去。

清代　白玉雕招财童子

复兴期

　　随着时间的流逝，清末期的对外贸易逐步走向繁荣，这客观上促进了玉器的需求，这种需求又促使中国玉器生产的复兴，因为中原地区和田玉料的匮乏，所以这一时期玉器生产中，最主要的玉料是辽宁的岫玉，巨大的市场需求是清末玉器生产复兴的主要原因。

清代　白玉鼻烟壶

清代　白玉琮

3. 清代玉器的主要特征

清代玉器无论从质地还是从制作工艺上都代表了中国玉器艺术的最高水平。这一时期的玉器不仅数量众多，而且种类丰富，但最为重要的还是玉器制作工艺的精湛，在长达 200 多年的时间内，清代玉器在继承前代优秀玉器艺术的基础上，不仅从外来文化中汲取养分，更是融合了雕塑和绘画等方面的诸多技巧，并最终形成了自己独特的艺术风格。

清代玉器以乾隆时代作为分界，可以明确地划分为两个阶段。前期，清代的玉器制作注重选料，玉器多由品质优良的和田玉制成，因此玉器的质地大多温润细腻，而造型则多以规整的轮廓、分明的棱角为主，这多少带有明晚期的玉器风格。后期，则对玉器的制作工艺更加讲究，不仅重视玉器的抛光和雕刻，还可以根据玉料的形状来借势创造造型，线条也大多含混复杂，转折不明，没有了前期的棱角分明，从而使得玉器带给人一种圆润的感觉。这是清代玉器风格的时代演变，实际上清代玉器的风格是多样复杂的，南玉和北玉各有侧重，工艺风格更是南辕北辙，毫无相像之处。对于清代玉器风格的微观比较，下面还会详细介绍。

清代　和田玉瓶

清代　仿古玉瓶

4. 清代玉器的种类

整体而言，清代玉器集历代玉器艺术之大成，玉器的种类还是非常丰富繁多的。

（1）装饰性用玉

清代玉器中装饰性用玉的数量是非常多的，最为常见的玉种有玉佩、玉带钩、玉簪、玉管、玉锁等。

（2）生活性用玉

生活性用玉的种类更是丰富多彩，主要有玉碗、玉盘、玉杯、玉壶、玉钵、玉樽、玉盒等。

（3）仿古玉

如前所述，清代古玉仿制成风，因而仿古玉的种类也是非常丰富的，最为常见的有玉鼎、玉鬲、玉觚、玉彝、玉簋等。

（4）文房用玉

清代的玉器还受到文人的喜爱，因此文房用玉的种类也是十分丰富的，主要有玉笔架、玉笔筒、玉砚、玉镇纸等。

（5）新创种类

除了以上玉器种类之外，清代还有一些新创造出来的玉种，主要有玉制鼻烟壶、玉制烟嘴、玉制屏风、玉鼎、山子、花觚、花插、香亭、香炉等。

清代　和田玉床

清代　仿汉朝玉牌

5. 清代玉器的工艺特色

清代玉器大体上沿用了明代的纹饰风格,并在雕刻上更加精细。除此之外,清代玉器还更多地借鉴了雕塑和绘画上的某些技巧,对于阴线、阳线、俏色、圆雕、浮雕、烧古等方法的灵活运用和融会贯通,都达到了堪称完美的程度。总体而言,清代玉器具有以下4个特点。

（1）"大"

"大"即形制巨大。这是清代玉器的一个重要特点。这不仅反映了清代玉器制作工艺的完善,还说明了清代中前期国力的强盛。

（2）"薄"

"薄"即玉器的器身轻薄。清代的一些玉制器皿,不仅形制较大,而且器身非常薄,有的甚至到了透明的程度。

（3）"精"

清代玉器大多出自能工巧匠的精雕细刻,不仅有对玉器整体上的完整把握,还有对细节的精准描绘。

（4）"新"

"新"即玉器的构思新颖,不落俗套。这种构思不仅体现在造型和纹饰方面,还包括俏色的运用。

总之,这一时期玉器工艺的精湛、装饰的完美以及种类的齐全,都是前所未有的,是中国玉器史上的又一个高峰时期。

6. 清代仿古玉器的鉴定

　　相比于明代，清代的古玉仿制之风更盛，以至于仿古玉在清代玉器中占有相当大的比重，这给清代玉器的鉴别带来了不小的困难。从今人的角度来看，清代的时作玉本身就是古玉，但是仿古玉又可以模仿更加古老的玉器，所以清代的仿古玉更加不好辨别。首先这种玉器肯定具有一定的收藏价值，因为它们本身就是制作精良的古玉，但是它们的价值又肯定不能和真品相同，因为它们毕竟不是产生于同一个时代。

中国玉器的历史知识 >>>

清朝官职等级与宝石有何关系？

　　清王朝在统一全国之后，推行等级森严的九品官制，并将不同的玉石或者宝石加在官帽上以示区别：一品官帽为红宝石，二品官帽为珊瑚，三品官帽为蓝宝石，四品官帽为青金石，五品官帽为水晶，六品官帽为砗磲，七品官帽为素金，八品和九品官帽为镂花金顶。

　　清代，仿古玉的制作水平已经达到非常高的水准，并且具有种类丰富、风格多样等特点。这类玉器大多用一个高浮雕镂空螭纹作版，并在玉器的底部琢刻上两个环形的高浮雕镂空螭纹，充作圈足，而在器身的外壁上则多用龙凤纹加以装饰。这也是清代仿古玉和真品之间的主要区别。

　　一般人常常将仿制品看成是为了追求利益而粗制滥造的玉器，但是清代玉器中有很大比例的仿制品却完全是出于复古心理而生产出来的，这种仿制品大多质地细腻，工艺精湛，包含着能工巧匠们的智慧和血汗，这类玉器的艺术水准有的甚至超过原作，具有很高的价值。

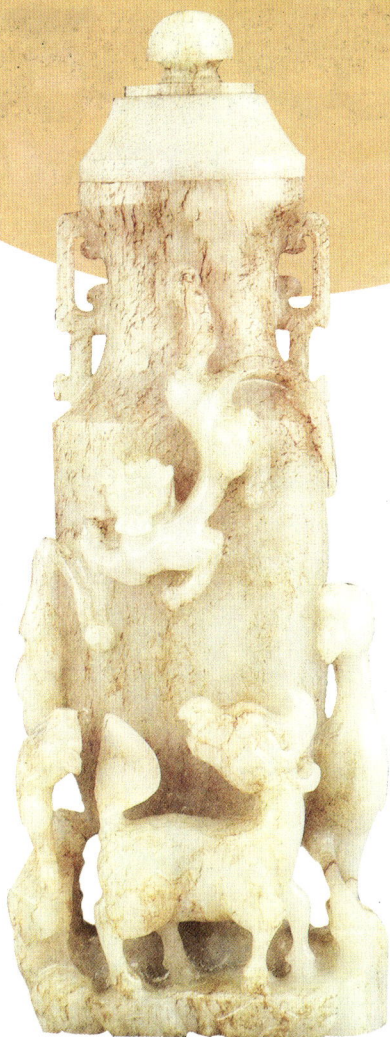

清代　白玉瑞兽纹赏瓶

民国　白玉刻鸡纹摆件

三、民国玉器

　　民国时期的玉器因为发展时间的短暂，基本上延续了清代晚期的风格特征，并没有发展出自己的独特风格，这里简要地介绍一下。

　　总体来说，民国时期，因为社会相对稳定，所以这一时期的玉器生产行业相对繁荣，而著名的玉器雕琢大师更是不断涌现，他们创作的玉器作品更是大受世人的欢迎。比如根据历史文献记载，在民国四年，袁世凯准备称帝的时候，就有下属耗费2个月的时间，聘请一批工匠，赶制了一整套的玉制餐具，以此来向袁世凯祝贺，并在登基大典上使用。

这一时期玉器生产行业的相对繁荣，不仅表现在玉器的数量众多上，还表现在玉器的种类丰富上。清代出现的众多种类的玉器，在民国都出现过，并深深打上了时代的烙印。但总体来说，这一时期的玉器作品，堪称精品的数量并不太多，主要还是战争频繁、社会动荡造成的。

民国 玉制烟嘴

民国　翡翠花鸟瓶

　　总而言之，中国的玉器艺术历史
悠久，由此形成的中国玉文化，更是
中华文明的重要组成部分。玉器在历
代从质地、做工到造型、纹饰等所经
历的演变，都值得广大玉器爱好者了
解，这也是收藏鉴赏玉器必不可少的
一步。

民国　白玉执莲观音

民国　济公活佛

玉器的鉴别

因为人们对于玉器的喜爱，所以玉器市场一直是求大于供的局面。这种异常火爆的市场需求，使一些不法商人看到了机会，于是，玉器市场上的造假售假之风日益盛行，广大的玉器收藏者屡屡受骗而蒙受经济上的损失。根据相关部门的统计，现今的玉器市场上，伪造的玉器比例在 20% 以上，并且有进一步走高的趋势。要想从如此多的伪造品之中找到真品，甚至珍品，难度可想而知，因此在进行玉器的购买和收藏之前，学习一些古玉的辨伪方法是十分必要的。其实，玉器市场上的造假售假并非一时兴起的，这种风气早在南宋年间就已经出现了。

东陵玉　素面吊坠

233

　　根据史料记载，南宋时期的伪造玉器已经相当普遍，仿造古玉甚至发展成为一种行业。这当然很多都是利益的驱使。到明朝的时候，这种制假售假的风气更加泛滥，甚至超出了玉器市场，蔓延到整个艺术品市场了。如此长久的玉器伪造历史，必然导致伪造手段的多样化，发展到现在，玉器市场上伪造玉器的数量之多、技巧之高，已经完全超出人们的想象。现今的玉器仿造市场甚至在全国范围内形成了河南南阳、安徽蚌埠、江苏扬州、浙江杭州、上海周边以及陕西西安6个著名的仿造古玉的区域。这些区域仿造的古玉品质高低各异，有的粗制滥造，对玉器稍有了解的人，很容易就能辨别出来；有的区域的仿造品则异常精细，完美得甚至可以达到真假难辨的程度。这些区域仿造的玉器充斥着国内的玉器市场，所以即使是再资深的玉器收藏者，也会有看走眼、鉴定不准的时候，更何况刚刚进入玉器收藏领域的初学者。因此在这里，我们有必要对玉器的鉴定方法和技巧进行一些具体的介绍。

　　其实，古玉的鉴别手法是非常多样的，不同的人会有不同的方法，但是综合来看，他们的目的不外乎以下几个方面：首先是确定玉器的制作年代和材质，这也是最基本的要求；其次是通过自己关于玉器方面的知识储备，搞清楚这种玉器的制作背景，甚至用途；然后，再运用一些专业的鉴别工具，查看它的沁色以及造型方面的细节，最终才能确定玉器的品质和工艺水准。具体来说，应该从以下方面入手。

中国玉器的历史知识 >>>

玉器鉴别中常用的"四诊法"

　　对于玉器收藏的初学者来说，玉器的鉴别工作复杂而难以掌握，四诊法是最常用的方法。所谓四诊法，就是通过望、闻、问、切4种诊断法鉴别玉器。望，即观察玉器的颜色，并在此基础上考察玉器的意蕴的工艺技巧以及造型风格等；闻，即敲击玉器，听听它发出来的声音是否清脆悦耳，以此来鉴别玉器的材质；问，即向内行人请教，这是一个鉴别玉器，同时也是学习经验的有效途径；切，即用手触摸玉器，感觉玉器是否光滑温润，以此来考察玉器的材质和雕刻技法。

东陵玉　项链

一、具备完备的玉器知识

　　玉器的发展历史源远流长，从新石器时代开始，一直到现代，每个时期都会产生大量的玉器。这些玉器在诞生之后，有各种不同的特点和用途。但是随着时间的流逝，它们或者作为陪葬品被埋到了地下，或者继续供世人把玩和收藏，当然也有消失的可能。所以要想对于将要购买的玉器进行准确的鉴别，首先就要具有足够完备的玉器知识，了解每个时代的玉器的时代特征、造型特点、制作工艺，只有对于不同时代的古玉有了详细的了解，才能正确地区分古玉和新玉；也只有这样才能辨别出玉器市场上的仿造品，避免蒙受经济上的损失，更好地进行玉器的收藏。

翡翠 吊坠

1. 要了解不同时代玉器的时代特征

要了解不同时代玉器的时代特征，就要多到玉器的拍卖会和展览会上进行参观，到收藏品市场多转转，只有这样，才有机会看到不同时代的玉器，才能了解它们不同的时代特征。也可以通过阅读相关方面的书籍，浏览不同时代玉器的相关图片，以此来感受不同时代玉器的特色。这样的学习进行得越多，你就越能感受到不同时期的玉器的不同特色。如此，在购买玉器的时候，发现商家宣称的玉器上，带有其他时代玉器的相关特征的时候，就会很容易地判断出这是赝品。

翡翠 戒指

翡翠 龙凤牌

2. 要了解不同时代玉器的造型特点

玉器的造型是随着不同时期的人们的审美情趣而不断变化的，因此不同时代的玉器拥有不同的造型特点。比如汉代的玉杯多为细高筒状，但是到了唐代，玉杯则以矮而阔为时尚。对于不同时代的玉器的造型特征有一个系统的了解之后，会更加容易分辨出玉器市场上的仿造品。比如说购买一种商家宣称的商代玉戈时，发现这个玉戈的厚度偏大，这个时候，如果对于商代玉戈以薄为美的知识有所了解的话，很容易就能得出这是一件仿制品的结论。

翡翠 扇

芙蓉种翡翠　弥勒佛吊坠

芙蓉种翡翠　笑佛吊坠

3. 要了解不同时代玉器的制作工艺

如前所述，不同时代的玉器拥有不同的造型特征，这也就导致了不同时代制作工艺上的差异，因为好的造型出自高超的工艺水准。比如说，大多数的玉器在制作过程中都会进行钻孔，但是不同时代玉器的孔径却是各不相同的——商代之前玉器的孔径大小毫无规律，或者两端直径大、中间部位小，或者一端大、一端小；但是商代之后，玉器上的孔径就非常一致了，这也是确定玉器制作年代的一个重要方法。又比如，不同时代玉器的纹饰雕刻风格也是多有不同的，战国时期的玉器多光泽含蓄，明代的玉器多光亮刚硬，而清代的玉器则光亮滑软。玉器的制作工艺是随着时代的发展而缓慢变化的，并且带有一定程度上的滞后性。比如西周早期的玉器在制作工艺方面带有很浓厚的商代玉器的色彩等。研究不同时代玉器的制作工艺，是一个玉器收藏者从"菜鸟"走向资深收藏者必须经历的一步。

做到以上 3 点，相信要区分真品和仿造品，甚至古玉与新玉，就会变得非常容易。

干青种翡翠　挂件

干青种翡翠　平安扣

二、了解玉器的发展史

　　如前所述，在玉器的鉴别过程中，首先要明确的就是玉器的制作年代，这在玉器的鉴定学上叫"断代"，这往往是从玉器的材质、造型、铭刻等方面辨别出来的。但是在断代之前，还要有一个基础，那就是对于玉器的发展史有清楚的了解。

　　前面已经以朝代作为标准，对玉器的发展历史做了分别论述。但是通常来说，玉器的断代要做到如此精准是非常困难的，事实上也很少有人能够做到。多数资深玉器收藏者在给玉器断代时，都是给玉器做宏观年代鉴定的。宏观年代鉴定可以将玉器的发展史分为神玉时代、王玉时代和民玉时代三个阶段，以下是详细论述。

1. 神玉时代

神玉时代又称巫玉时代，是指距今 10000 ~ 4000 年的时代。在这一时期的人类社会中，巫术在人们的生活中占有重要地位，而巫神在人们心目中的地位更是无与伦比的，这也决定了玉器的巫术祭祀性质。

我国具有非常丰富的玉资源，这些玉资源主要集中在东北、东南、西北以及长江中下游等地。这些地方出土的史前玉器可以粗略地分为 3 个玉文化模块，它们分别是东夷玉文化板块、淮夷玉文化板块和东越玉文化板块。

东夷玉文化板块主要包括今天的东北三省、内蒙古的东部地区、河北和山东的大部分地区以及江苏北部地区。这些地区以狩猎经济为主，兼种植，距今 10000 ~ 5000 年。出土的主要玉器有玦、匕、勾云形器、圈形边刃器、龙等，形状并不规整，粗犷雄奇，极具象征意味，以红山玉文化为代表。淮夷玉文化板块包括今天的长江中下游地区以及安徽大部、江苏南部等地区。这些地区以农耕为主，兼狩猎，距今约 5300 年。出土的主要玉器有巫、龟壳、长方形片饰等，以凌家滩遗址为代表。东越玉文化板块包括今天的江苏、浙江太湖地区。这些地区以农耕为主，距今 5500 ~ 4300 年。出土的玉器主要有璧、琮、钺、璜、梳背、锥形器、串饰等，外形工整，纹饰细腻，以良渚玉文化为代表。

和田玉籽料　凤穿牡丹把件

红翡翠 吊坠

2. 王玉时代

王玉时代是指从夏代一直到清代的玉器发展阶段。因为这段时期，王对于人类社会起到了统治地位，不论是最初的三代王玉，还是从秦代开始的帝王玉，玉器的主要功能已经从巫术祭祀仪器转变为一种礼器。春秋时代，儒家的代表人物孔子赋予玉以丰富的文化内涵，从而将玉器拉下神坛，成为德的载体。

红翡翠 手镯

3. 民玉时代

民玉时代是指从宋代到清代的玉器发展阶段。这一时代的玉器不再是君王或者贵族的专属品，而成了普通百姓身上常见的饰物，从而变成了中华民族生活文化的一部分。这一时期，玉器的属性变得更加丰富，作为德的象征的同时，更具备了商品的属性，用于市场上的买卖。

对于玉器的初级收藏者来说，虽然不能做到玉器的精准断代，但可以对玉器进行宏观断代。

黄翡翠 平安扣

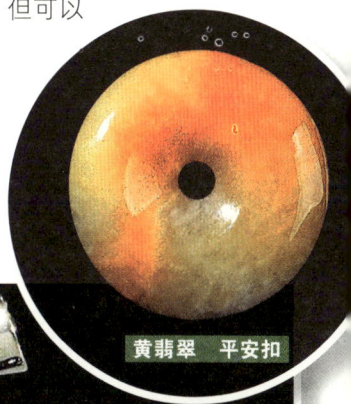

翡翠配红宝石 脚踏车形胸针

三、了解玉器的盘色和沁色

产生于不同时代的玉器,随着时间的推移,或消失,或流传下来。消失了的,今天是看不到了,但是流传下来的就成了今天所说的古玉。现在的古玉主要来自于两个途径:一种是传世玉器,一种是出土玉器。按照人们的传统看法,传世玉器是一种无足轻重的玩物,但是随着时代的发展,越来越多的学者和专家开始注意到传世玉器的重要价值。现在知道,对于传世玉器来说,除了玉石本身的颜色之外,还带有一定的盘色,这是玉器经过人的手掌经常性的抚摸而产生的不同于玉石本身的颜色。传世玉器在手掌的经常性抚摸下发生的颜色变化过程,通常被叫作"熟",或者"熟坑"。而对于出土玉器来说,在刚刚出土的时候,是没办法看到玉器的本来颜色的,因为它上面往往会覆有一层土锈,除了土锈之外,还有同样不同于玉器本色的沁色。

绿松石　手镯

在对玉器的制作年代有了明确认识的基础上，接下来要做的就是识别玉器的沁色。这在玉器的辨别过程中是至关重要的一步。不同的玉文化有不同的沁色特征，并且这些玉文化的不同沁色还形成了一系列特有的名词。比如红山玉文化中关于沁色的名词有沙坑点沁色、风吹云沁色等；良渚玉文化中有枯树杈沁色、金属晶体沁色、雾水白沁色等；齐家玉文化有霜冻挂沁色、灰坑白沁色、陶罐片沁色等。不仅如此，不同的玉器有不同种类的沁色，种类之多，实在难以计数。最常见的沁色有黑色的水银沁、绿色的铜沁、赭褐色的铁锈沁、白色如雾的水沁、暗黄色的土沁等。当然，这些都是些比较单纯的沁色。更多情况下，玉器的沁色是多样的，因为多数出土玉器在埋入土中之后，会随着接触到的土壤性质而发生不同程度的变化。比如土中含有的铜元素过多，会导致玉器的沁色变绿；而土壤中的汞含量过多，则会使玉器的沁色变黑。更多的时候，土壤成分会随着时间的流逝而发生变化，这也就使得玉器的颜色也随之改变，从而使玉器带有多种沁色。但是玉器的沁色并非一成不变，玉器的沁色会在玉器"熟坑"的过程中或者发生改变，或者淡化直至消失，从而恢复最初的美丽，这也是玉器收藏者们把玩玉器的乐趣所在。

在古玉鉴定的时候，一定要对古玉的沁色多加留意。因为一般古玉的作伪，往往是用新玉仿制古玉的沁色来达到的，其中人工仿沁色是最常用的手段之一。因为人工仿沁的方法多样，制作出来的仿造品更是达到了极高的品质，极难辨别，因此，作为玉器的收藏者来说，了解一些常见的玉器染色方法也是十分必要的。

据统计，现在的玉器市场上，主要有以下几种人工仿沁。

马牙种翡翠　扳指

马牙种翡翠　吊坠

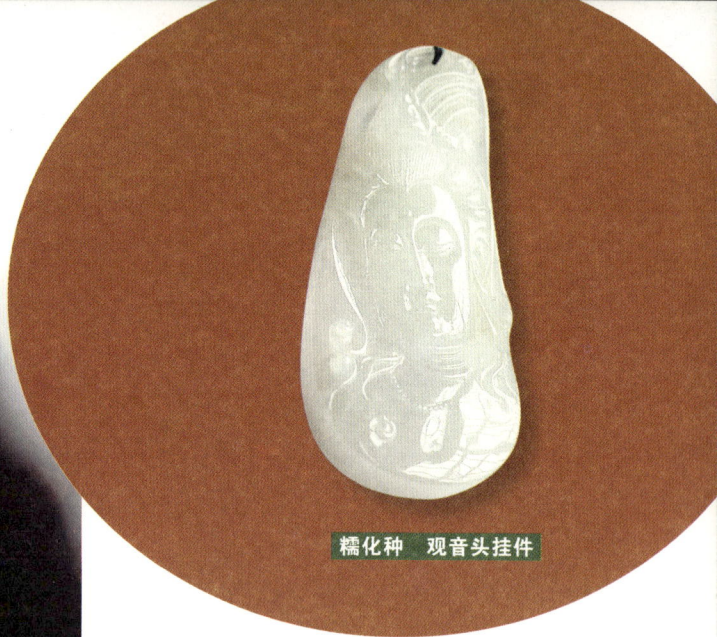

糯化种　观音头挂件

糯化种　飘蓝花翡翠观音挂件

1. 伪石灰古

即用烧烤的方法，使新玉的颜色变成白色，以此冒充古玉中的鸡骨白玉。相比于真品，这种仿造品的表面会因为烧烤而留下些许非自然贯通的裂痕。

2. 羊玉、狗玉

即利用动物血液仿制而成玉器。羊玉就是将制作好的新玉放进活羊的羊腿中，然后将羊腿保存几年，之后取出来的新玉表面会带有血色细丝，以此来冒充古玉中的红丝沁。但是相比于真品，这种仿制品会显得略微干涩一些。狗玉即将活狗杀死，将制作的新玉器放进血液还未凝固的狗腹之中，然后将其埋在地下几年。之后取出来的新玉表面会产生土锈和血斑。但是与真品相比，这种仿制品在除去土锈之后，还是可以看到新玉本来的颜色。

3.梅玉、风玉

梅玉即将新玉放入乌梅水中进行煮沸，然后再用提油法对新玉进行上色。相比于真品，这样的仿制品的沁色会显得矫揉造作，不太自然。风玉即将新玉用浓石灰水煮热，然后将炽热的新玉放到风雪中进行冷却，以此在新玉的表面制造成一些细丝状的裂痕，以此来冒充古玉中的牛毛纹。

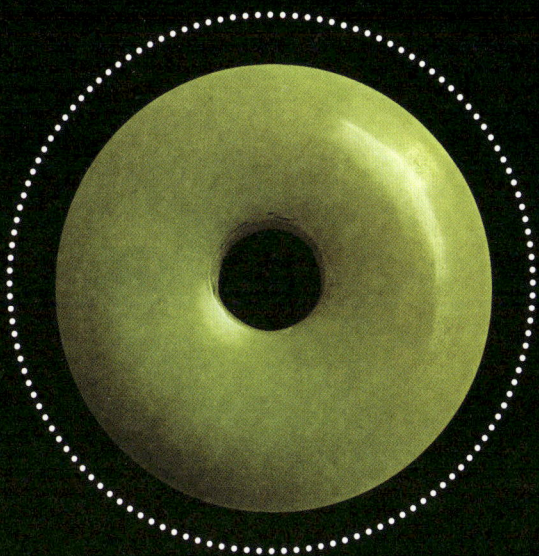

岫岩玉　平安扣

岫岩玉　摆件

萤石　手串

萤石　彩虹球

4. 叩玉

其名字来历是乾隆年间，江苏无锡一位玉器造假高手，叫阿叩。他发明了伪橘皮纹古玉之方，因此被称为叩玉。即将新玉与铁屑混在一起，然后加入热醋，等到热醋凝固之后，将带有铁屑的新玉埋入地下数月，之后取出的新玉在脱掉铁屑之后，表面会产生橘皮纹。

5. 提油玉

即通过提油法给新玉上色，这种上色方法会使颜色侵入玉体之中，即使长久地煮沸也不会褪去。但是这种仿制品的沁色会有一个特点，那就是，天晴的时候，沁色会比较浑浊，而天阴的时候，颜色才较为鲜亮。

6. 炸烤泡玉、煮玉、埋玉

即通过油炸、火烤、土埋等方法制作而成的仿制品。

7. 罐子玉

即将玻璃之类的假玉放入药罐中的药水中煮热，以此来仿制白玉。但与真品相比，这种仿制品的表面多有蝇脚。

在当前的玉器市场上，还有一种用化学原料给新玉染色的方法正在兴起，这种染色方法较之于传统的提油法更为简单易行，染出来的沁色也更加鲜亮光彩。但是一般来说，用这种方法制成的仿制品，颜色都过于光鲜，缺少了天然的色泽，因而极好辨认。

总的来说，沁色在很大程度上决定着古玉的收藏价值，因此，对于玉器沁色的全面了解也是玉器辨别过程中不可或缺的关键一步。

紫罗兰翡翠 摆件

紫罗兰翡翠　厚装宽条手镯

四、了解玉器的鉴别方式

　　玉器的辨别知识和方法还有很多，尽管当前相关方面的知识并不完善，但是科学的考证加上合理的推断，是不会错的。要想获得有效而丰富的玉器鉴别方法，不仅要多从书本中学习，还要多从实践中总结经验和教训。在此，简单介绍几种常用到的鉴别方法，以供参考。

1. 玉器制作年代的辨别技巧

　　如前所述，辨别玉器的制作年代又叫作给玉器断代。相比于玉器其他方面的鉴别，断代要困难很多。比如有人说，看到一件看起来像是青铜彝器的陈设玉带有三代王玉时期的玉器特点，将它买回来，然后请专家进行鉴定，他们却说这是一件仿品。因为三代王玉时期出土的玉器大多做工粗糙，多呈片形，有时甚至连片形都磨不好，所以根本不可能会有这样精雕细刻的陈设玉。

对于玉器的断代，应该就玉器的时代特征细细考量，才能辨出真伪。比如汉代，玉葬风靡一时，猪形玉握非常常见。如果了解这一点，那么看到类似形状的玉握，就可以有一个考虑方向了。唐代，妇女们喜欢将玉梳插在头发中，以此为美，因此在看到相关的玉梳时，也可以从这个方向考虑。当然，给玉器断代，并不能单纯地从用玉制度上考虑，还可以参考考古学的发现，将那些出土并确定了制作年代的玉器作为标准，来和将要购买的玉器进行对比，也是一个行之有效的方法。

对玉器制作年代的鉴别比起其他方面的鉴别，要更难一些。比如，有人在市场上看到一件像青铜彝器的陈设玉，想到既然青铜彝器有这样的款式风格，古玉也会有，掏钱买回家，请来鉴定专家一鉴定，原来是一件仿品。比如说前些年出土的汉代玉剑，因为使用功能的关系，它拥有宽阔的孔洞，并且在孔洞内还留有特制的拉丝痕迹，这是汉代玉器的普遍特征。但是一些仿制品虽然很容易做出较为宽阔的孔洞，却很少能在空洞内制作出精准的拉丝痕迹，所以可以很轻易地推断出这是伪品。

给玉器断代的另一个困难之处在于，玉器的作伪古已有之，因此，对于那些古人作伪的仿制品的鉴定，就更加困难了。这就需要收藏者有丰富的知识储备和相关经验。玉器断代的主要依据有历史文献中的记载和分析，以往玉器的购买经验，玉器的制作工艺和风格，已经出土并且确定了制作年代的标准玉器，以及历代玉器的时代特征等。

冰种 三彩观音

2. 玉器材质的辨别技巧

辨别玉器的材质即辨别材质成分和这种材质的产地。一般来说，玉器的材质主要有翡翠、和田玉、玛瑙、绿松石、岫玉、碧玉等，不同材质的玉器，品质和价值也有所不同。依据材质来辨别玉器的真伪也是一个有效的方法，比如，据考证，用新疆的和田玉制作玉器开始于商代，这就是说，如果你碰到某些商人宣称是夏代王玉时期的和田玉器，那肯定是假的。

3. 玉器风格的鉴别技巧

如前所述，不同时代的玉器有不同的时代特征，因此掌握各个时代玉器的不同风格，也是辨别玉器真伪的一个有效途径。比如，商代玉器常常将三角状、柱形和长立方体形玉材裁成弧形、长方形或者圆环形的片状玉器，再在上面进行雕刻，做成各种用途的玉佩饰。这一时期最常见的玉雕纹饰有螺旋纹、双钩阴刻变形云纹、兽面纹和鳞形纹。其凹槽深宽，两壁向外倾斜，线条粗犷。而清代的玉器，多是金镶玉树、珍珠桂花等，充满世俗气息，但是也有一些珍品，材质上乘，做工精美。

和田墨玉　钟馗

4. 玉器形制的辨别技巧

玉器的形制包括玉器的规格、种类和名称。不同的玉器形制出现于不同的时代，比如长管形玉琮流行于良渚文化；牙璋仅见于商代；玉制工具多出现于战国之前；葬玉始自战国；玉衣多见于汉朝；玉带钩始见于战国早期；玉带、玉飞天出现于唐代；山子始于明朝；翡翠玉器出现于清朝等。

5. 玉器纹饰的辨别技巧

玉器的纹饰中最为常见的有云纹、谷纹、兽面纹、蟠螭纹、秋山纹。其中兽面纹是良渚文化常见的玉器纹饰；谷纹起自战国中晚期，流行于战国晚期及两汉；云纹始见于商代，盛行于商周；凤鸟纹出现于西周等。

6. 玉器制作工艺的辨别技巧

玉器的制作工艺中最常见的有阴线刻、阳线刻、浮雕、浅浮雕、高浮雕、半圆雕、圆雕、镂雕、透雕等。新石器时代的玉器，内孔有对钻的痕迹，边缘粗糙、刺手，板状厚薄不均；斜刻见于西周，春秋后极少；"汉八刀"是汉朝的特征；头上有毛发的龙见于宋及之后；弓形和W形龙流行于春秋战国；唐代的工艺风格是浅浮雕；元代的雕刻风格是深凸雕和碾磨的结合等。

买古玉难免会"交学费"（买到假的），再厉害的行家都会走眼，多多少少都会有一些教训，何况刚入道的新手呢？"交学费"对于成功的收藏投资者是必要的，花少量的钱买到仿古玉也别气馁。笔者认识一些收藏家，他们也曾遇到此类教训，但他们会自我安慰：给你两三千元，你也雕不出这么精致的作品来，把它当作艺术品欣赏，50年之后也算是"古玉"了。这份平常心对于收藏投资者来说是一种境界。

冰种　弥勒佛

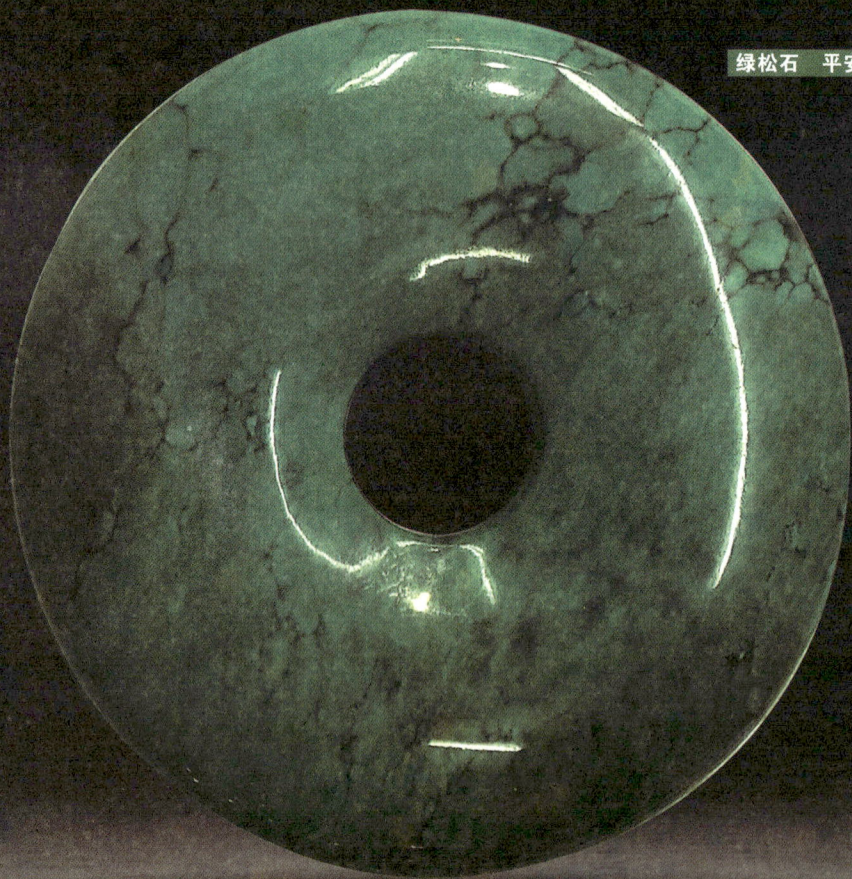

绿松石　平安扣

玉器的保养

玉器在购买回来之后，要做的就是玉器的保养工作。对于广大的玉器收藏者来说，玉器的保养是一个漫长而复杂的过程。但是玉器的保养又是玉器的收藏工作中不可或缺的一部分。甚至可以说，一件玉器保养得好，品质和价值就会提升；如果保养不当，就可能会使玉器的品质和价值下降；如果完全忽略玉器的保养，那就可能会损害玉器的品质，从而使玉器收藏者蒙受经济上的损失。

作为一个玉器收藏的初学者来说，掌握正确的玉器保养方法是非常必要的。正确的适当的保养方法，不仅可以保持玉器的品质，还能使玉器更具灵气。一般而言，正确的玉器保养方法可以分为盘玉、养玉等，以下做具体论述。

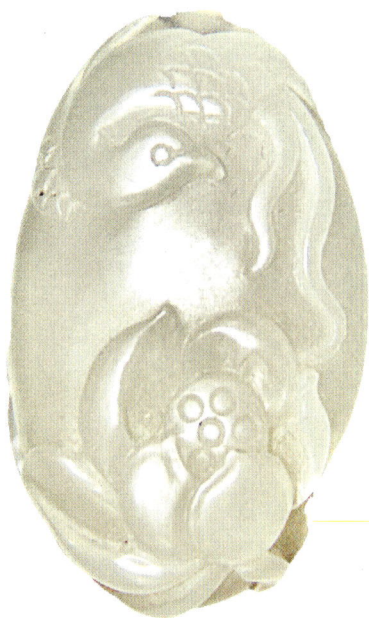

和田玉　一路连科

一、盘玉

　　盘玉就是将玉器贴身而藏，并且经常盘玩。具体地说，盘玉又可以分为文盘和武盘。文盘就是将玉器贴身而藏，通过佩戴、把玩等方式使玉器与人体长久接触，从而实现养玉的目的。文盘适合刚出土或者新制作的玉器，因为刚刚开采出来的玉石硬度欠佳。但是文盘收效甚慢，有的甚至要在数十年之后才能看到效果。这时候就要用到武盘，武盘即用干净的白布经常性地擦拭玉器，这样玉器会因为摩擦而产生的热量而逐渐释放出体内含有的土气，从而更加晶莹光亮。但是武盘因为过于剧烈，并不适合刚开采之玉制作而成的玉器。一般的玉器只有在经过 1 年以上的文盘，等到硬度恢复之后，才可以进行武盘。

和田玉籽料　母子情把件

和田玉籽料　福寿瓶

二、养玉

养玉又称意盘，是更高境界上的盘玉。这不仅要求养玉之人要有熟练的盘玉技巧，还要有一颗热爱玉器的心。在盘玉的过程中，养玉之人要想着玉所代表的精神文化和传统美德，以此来进行自我熏陶，最终达到修身养性的目的。这样的玉器保养过程，同时又是养玉之人修养身心的过程。也就是人们所说的，人在养玉的同时，玉也在养人，这是一种精神上的玉人合一，至真至善，这也是广大玉器爱好者追求的境界。

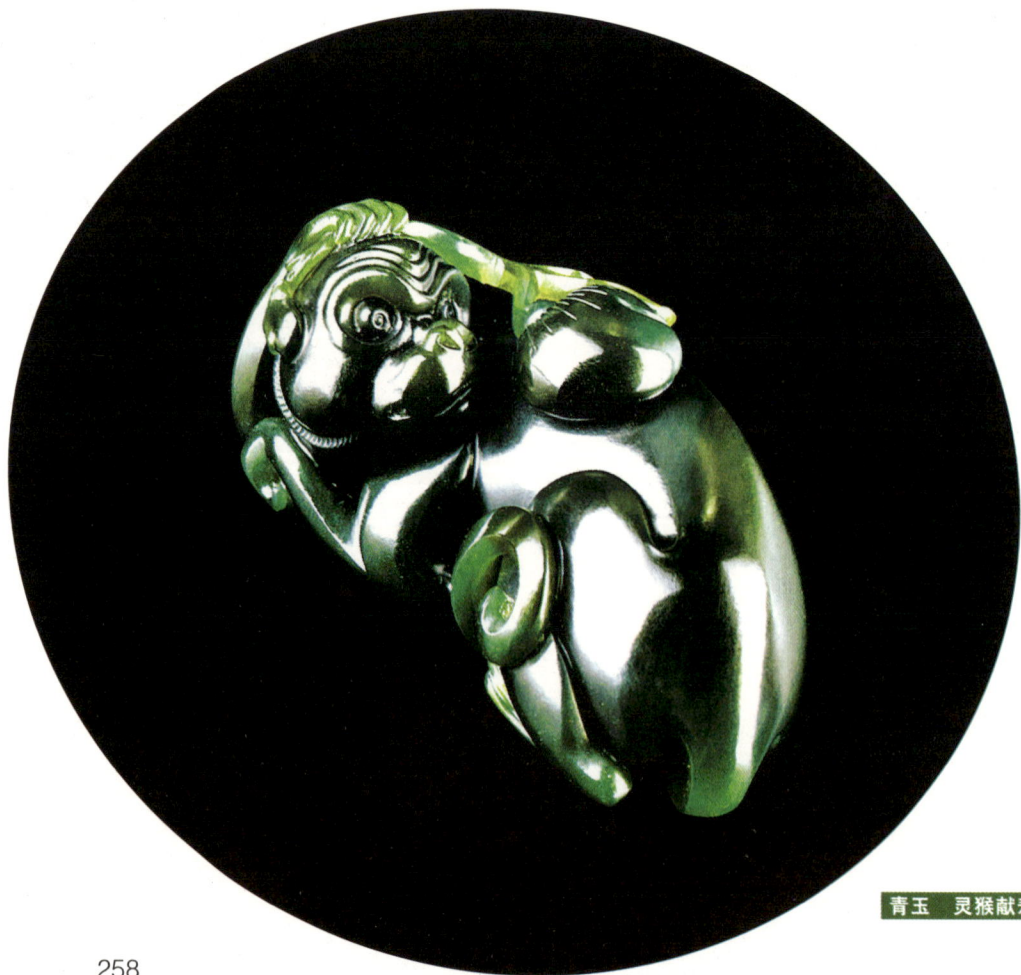

青玉 灵猴献寿

和田玉籽料 大肚弥勒佛把件

三、玉器保养时的其他禁忌

在玉器的保养过程中，除了精心的盘玉过程之外，还应该了解一些基本的养玉禁忌。

1. 要注意避免玉器与其他硬物发生碰撞

玉器本身硬度欠佳，与其他硬物发生碰撞之后，很容易破裂，即使没有破裂，其内部的结构也会受损，这就是所谓的暗裂纹，这种裂纹虽小，用肉眼几乎看不出，但是随着时间的流逝，最终会显现出来，从而影响预期的品质和价值，使得玉器收藏者蒙受经济上的损失。所以在玉器的保养过程中，要妥善保管，避免玉器与其他硬物发生碰撞。

2. 要尽可能地避免玉器受到污染

玉器 "体质敏感"，有时，即使是极细微的影响，也会改变玉器的品质，所以玉器收藏者在做玉器的保养工作时，要尽可能地避免玉器受到污染。如果玉器表面附有灰尘，应用细软的毛刷及时清扫；如玉器上不慎沾上了油污，应该用温和而浓度较低的肥皂水及时清洗。但要注意的是，在玉器的清洗过程中，要避免使用杀虫剂、洗涤剂、香水等化学药剂。对于一些材质过于敏感的玉器，比如白玉，还要注意避免汗液的侵蚀，做到及时清洁。

和田玉籽料 达摩摆件

青花籽料　双鹅摆件

3. 要避免使玉器受阳光的暴晒

因为玉器受热会膨胀，玉器内部分子之间的距离就会增大，从而改变玉器的品质。而干燥的环境也会使得玉器内部的水分流失，从而影响玉器的品质。

4. 要避免用纤维质过硬的布料和染色布擦拭玉器

在盘玉的过程中，应该用干净而柔软的白布擦拭玉器，这样才能对玉器做到很好的养护。如果用硬度过大和染色布来盘玉，玉器很可能会被划伤或者受到污染。

和田玉籽料　观音像

5. 玉的"四怕"

（1）玉器怕冰

古语有"长与冰近，沁色不活"的说法，说的就是如果把玉器和冰做长时间的接触，那么玉器会变得黯淡无光，沁色会显得僵化、不自然，也就是所谓的"死色"。

（2）玉器怕火

古语曰："长与火近，色浆即退。"意思是说，如果用火来熏烤玉器，玉质就会受损，沁色就会褪色，变得暗淡。

碧玉 对瓶

黄玉　龙牌

（3）玉器怕姜水

曾经有很多人认为，将玉器浸泡在热姜水中，可以除去刚出土的玉器上的腥臭味，但是实际上不是这样的。如果把玉器长久地泡在热姜水之中，玉器的沁色会逐渐暗淡，玉器的表面也会产生斑点，并且很难去除。

（4）玉器怕撞击

古语有"佩者不慎，往往坠地，如落砖石上，重则损伤，轻则肌理含裂纹，其微如发，骤视之而不得见"的说法，即玉器受到碰撞会发生破损。

6. 玉的"三忌"

（1）玉器忌油

如果用涂有油脂的布料擦拭玉器，不仅不会使玉器变得光滑，还会损害玉器的材质，并使玉器的沁色受到污染。

翠玉　白菜

碧玉 三足炉

（2）玉器忌腥

如果将玉器长久地放到充满腥味的地方，那么玉
器就会受到污染，腥味不仅会渗入玉器的肌理，使玉
器带上腥臭，还会损害玉器的沁色和玉质。

（3）玉器忌汗手

玉器本身"体质敏感"，如果在把玩时手掌出汗，
应立即停止，否则会使玉器受到污染。

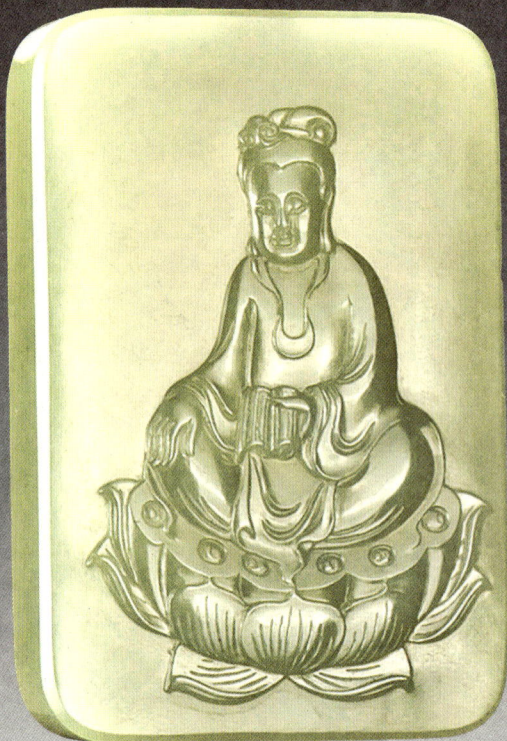

黄玉 观音牌

四、玉器破损后的补救措施

如果不慎损害了玉器，可以采用以下方法进行相应的补救。

1. 黏结法

这种方法是针对玉器的断裂而进行的。可以在玉器的断裂面涂上均匀的环氧基树脂或者聚醋酸乙烯乳剂，然后将两个断裂面对接到一起，再用丙酮擦除。

2. 树胶填补法

如果玉器不仅发生了断裂，而且断裂的残块还丢失找不到了，这时可以用树胶和滑石粉制作残块的替代品，并通过黏结法与其他部分粘连到一起。

3. 蜡充法

除了用树脂和滑石粉来制作残块的代替品，还可以用蜡来制作。同树脂填补法相似，这种用蜡与燃料混合而成的替代品，还可以进行抛光染色，从而更好地与玉器融为一体。

白玉 薄胎壶 5 件套

玉器的收藏

收藏玉器与收藏宝石不同。买宝石的目的是为了装饰，在中国，人们购买一般的宝石通常也不是为了收藏，只有那些品质上乘的宝石，如重量超过 1 克拉的蓝宝石、红宝石或者钻石等，才具有投资价值。也就是说，宝石要想具有收藏价值就要足够大才可以。以红宝石为例，如果它的重量超过 5 克拉，那它的投资价值是极大的，因为 5 克拉以上的红宝石非常稀少，一般而言，重量能达到 3 克拉的红宝石已经很具有投资价值了。但是玉石乃至玉器的收藏并不具备这样的特点，即使玉石的重量很小，但如果它的品种稀少，它也会具有很高的投资价值，比如一枚方寸大小的羊脂玉的收藏价值就和一栋楼房的价值相当。除此之外，要投资收藏玉器，收藏者还应该视野开阔，因为外汇汇率、银行利率、全球经济发展状况等都会对玉石和玉器的价值产生影响。因此，收藏者应该给予密切关注。

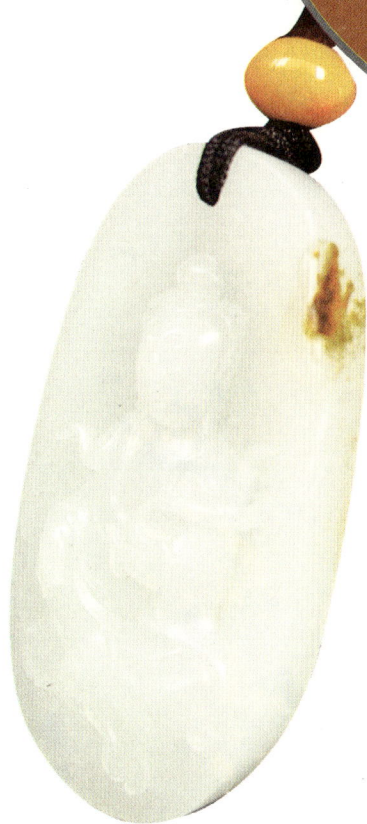

和田玉籽料　观音

一、玉器收藏入门

　　要想成为一名合格的玉器收藏者，首先要做到的就是掌握玉器相关的系统知识。一般来说，人们想要收藏的玉器都是古玉，而要收藏古玉的话，你首先应该做到以下几点。

　　①要对中国玉器的发展历程有一个全面而清晰的了解。不仅要了解不同时代玉器的时代特征、工艺风格、纹饰特色，还要作横向对比，了解不同时代玉器在这些方面的具体差异。

　　②要了解玉器制作年代的时代背景，不仅要了解当时的经济状况、政治状况，还要了解当时的民众心理和社会风俗。一般来说，经济发达时期制作的玉器会相对精致一些，而经济发展滞后时期制作的玉器则相对粗糙一些。

和田玉籽料　喜上眉梢

和田白玉　松鹤延年

③要对玉器的各个种类的形制、名称、工艺以及产地有一个清楚的了解。

④要了解不同时代主流的玉器制作方法。

⑤要了解与玉器相关的其他艺术品，诸如金银器、铜器、瓷器之类的有关知识。这些艺术品在民俗和民族风格等方面存在着千丝万缕的联系，有许多共通之处，应该好好利用。

⑥要抓住时机，多看一些不同时代的玉器真品，不了解的应多向专家咨询。

⑦要不断地加强学习，提高自身的审美能力。在从质地、形制、工艺等多个角度对玉器作出综合科学评估的同时，还应该兼顾玉器的艺术价值和历史价值。

⑧在充分掌握玉器的相关知识之后，还要对当前的玉器市场作相关的调查，明确当前的市场形势和走向。

总而言之，要想成为一名合格的玉器投资收藏者，就需要不断地积累知识和总结实践。中国的玉器有长达7000年的发展历史，不同时代的玉器有各自不同的特点——不同的材质，不同的制作工艺，不同的审美情趣，再加上不同的种类。如此丰富的知识都需要投资收藏者掌握，要想短时间做到是不可能的。当然，这个不断学习和实践的过程，也是玉器投资收藏过程中的一大乐趣。

和田墨玉　观音

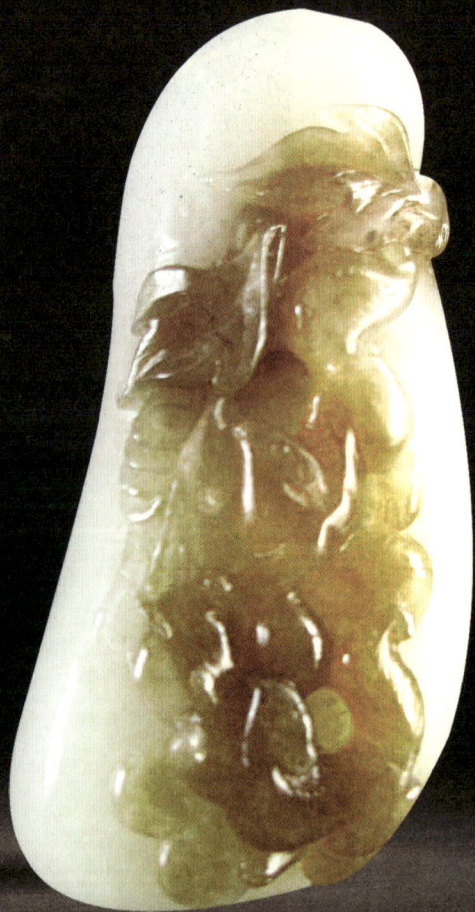

和田糖玉　松鼠葡萄

二、玉器的选购

　　在掌握了玉器的相关知识之后，接下来要做的就是玉器的购买。玉器是一种艺术品，同时也是一种商品，因此它本身兼具使用价值和收藏价值。在我国，君子佩玉的传统源远流长，当然发展到现在，佩玉已经不仅仅是君子的特权了。在我国南方的某些地区，逢年过节的时候，就会有给家里的孩子佩戴玉器的习俗，当然现在佩戴玉器的人以喜欢时尚的女孩子居多。按照现在的看法，佩戴玉器不仅漂亮，而且还有避邪的功用。当然这后一点并不一定科学，但毋庸置疑的是，这也是人们购买玉器的一个重要原因。如果从使用价值角度出发，男士可以选择在腰间佩戴诸如皮牌子、玉生肖之类的玉挂件。而新玉制成的此类玉挂件售价只在 200 元～800 元，不算昂贵。女士和小孩如果要佩戴玉器，以玉牌子之类的可以挂在脖子上的玉挂件为佳。女子可以选择生肖或者花卉纹饰的玉挂件，而小孩佩戴的玉挂件纹饰则以动物或者花卉为佳。此类的玉挂件售价一般在 200 元左右。对于那些售价达到千元的佩玉，新手不宜购买。

和田碧玉　貔貅

投资收藏玉器时，看准玉器的材质非常重要。一般来说，如果能收藏到羊脂白玉是最好的，这也是和田玉中品质最好的一种。以此玉料制作而成的玉器，如果雕工精美，那么就会价值连城，但是现今的玉器市场上，羊脂白玉的仿制品非常多，所以玉器投资收藏的初学者不适合投资收藏羊脂白玉。

在投资选购玉器的时候，一定不能心浮气躁，要仔细观察，充分运用自身的玉器知识加以分析，千万不能存在捡漏的侥幸心理。一般来说，真玉放到阳光或者灯光之下，会呈现出棉花状，而那些仿造品则不会有这个特点。除此之外，还要记住的就是，真玉因为是浑然天成的，所以难免会存在一些缺陷，如玉斑、杂色、玉隔等，这些都是非常合理的。所以玉器市场上，那些完美无瑕的玉器多半都是仿造的，极为罕见的珍品也有完美无瑕的，但是这样的玉器一般价格不菲，不是一般人能够承受的。

和田青白玉　雕花牌

和田青白玉　龙纹璧

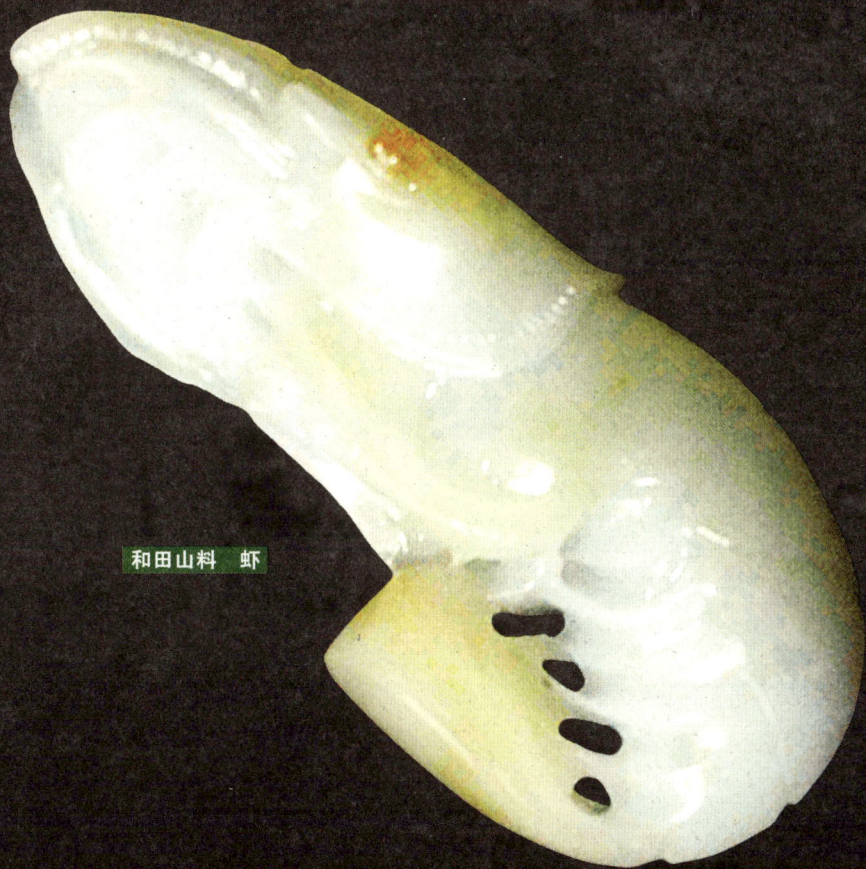

和田山料 虾

在那些资深的玉器投资收藏者中，存在着"八看"和"三不买"的说法。

"八看"是：

①看玉种。即看玉器的制作材质以及这种玉料的产地分布。

②看玉质。玉石以温润细腻而佳。如果在此基础上，不存在明显的瑕疵，那就是上品了。

③看纹饰和形制。不同时代的玉器具有不同的形制和纹饰特点。

④看刀工。刀工熟练流畅，给人以一气呵成的质感，并且刻痕优美的为上品。

⑤看皮壳。天然玉石的皮壳往往是凹凸不平，不太光滑的。

⑥看包浆。玉石的表层有一层光滑剔透的外层，就像蜡脂一样，光彩夺目。

⑦看沁色。真玉的沁色深入肌理，颜色自然。而那些仿制品的沁色多浮于表面，颜色造作。

⑧看时代风格。不同时代的玉器具有不同的时代风格。

"三不买"是：

①看不懂不买。即要购买的玉器，凭借自己已有的玉器知识无法辨别的，他们是不会购买的。

②没有信心不买。即对于所要购买的玉器做出了鉴定和价值评估，但是对于自己的结论并不肯定，这种情况下，他们也不会购买。

③有问题不买。具体地说，就是感到所要购买的玉器的制作工艺有问题时不买，感觉玉器的形制和纹饰组合有问题时不买，以及感觉玉器的价位不合理时不买等。

青玉 福禄水洗

三、具有收藏潜力的玉种

　　玉器投资收藏市场鱼龙混杂，而玉器的鉴别和价值评估又完全依靠投资收藏者自身的知识和经验，因而，玉器的投资收藏活动存在很大的风险。投资成功者会收获颇丰，但失败者往往血本无归，甚至倾家荡产。所以广大收藏者在进行玉器的投资收藏活动时，要小心谨慎。如前所述，玉器的价值除了要受到自身诸多方面的影响，还要受到市场行情，甚至供求关系的影响。这也在一定程度上加大了玉器价值评估的难度。这也造成了一些品质上乘、雕刻细腻的玉器的价值有高有低，如果我们可以做到在它们低价的时候买入，高价的时候卖出，就可以做到盈利。下面就对当前市场上颇具收藏潜力的玉种作具体论述。

青玉　薄胎双耳杯

1. 高古玉真品

在当前的中国市场上，唐宋之前的玉器，尤其是高古玉真品的价格偏低，主要是人们对于这一时期的玉器特征认识不太肯定，所以，许多时候，将真品当成了伪造品。但是近些年来，随着高古玉真品的不断出土，人们对于高古玉器的认识也在逐渐完善。所以相信不用多长时间，高古玉器的价格就会走高。

2. 艺术水准高的古玉器

品质上乘的玉料加上完美的制作工艺，制作出来的玉器一定是上品。这样的玉器价值本就不菲，但是随着人们生活水平的不断提高，审美情趣的不断变化，这种玉器的价格还会有更大的升值空间。

无色水晶　观音像吊坠

春带彩翡翠　吊坠

东海黄水晶　葫芦吊坠

3. 新玉种

因为玉料价格的不断上涨，所以有时候一些选料上乘、做工精良的新制玉器的价格也会有很高的价值，并且这种玉器的价格会随着玉料价格的不断上涨而持续走高，甚至超过同等材质的古玉价格。

4. 名家作品或名品

名家制作的玉器往往会因为名家的名号而具有颇高的价值。除此之外，历史上曾出现过的名品，也会因为时间的久远而具有颇高的价值。

《玉　器》

（修订典藏版）

编委会

● 总 策 划

王丙杰　贾振明

● 排版制作

腾飞文化

● 编 委 会（排名不分先后）

玮 珏　苏 易　墨 梵

吕陌涵　陆晓芸　阎伯川

鲁小娴　白若雯　玲 珑

● 图片提供

刘军成　贾 辉　李 茂

保定拙雅轩玉道会所

http://www.nipic.com

http://www.huitu.com

http://www.microfotos.com